中國文化二十四品

中国文化二十四品

饶宗颐 叶嘉莹 顾问
陈洪 徐兴无 主编

君子之學

养成圣贤的教育传统

闫广芬 著

江苏人民出版社

图书在版编目（ＣＩＰ）数据

君子之学：养成圣贤的教育传统 / 闫广芬著. --
南京：江苏人民出版社，2017.1
　（中国文化二十四品）
　ISBN 978-7-214-19729-0

　Ⅰ．①君… Ⅱ．①闫… Ⅲ．①传统教育－研究－中国
Ⅳ．①G41

中国版本图书馆CIP数据核字(2016)第264393号

书　　　　名	君子之学——养成圣贤的教育传统
著　　　　者	闫广芬
责 任 编 辑	鲁从阳
责 任 校 对	王翔宇
装 帧 设 计	刘葶葶　张大鲁
出 版 发 行	凤凰出版传媒股份有限公司
	江苏人民出版社
出版社地址	南京市湖南路 1 号 A 楼，邮编：210009
出版社网址	http://www.jspph.com
经　　　　销	凤凰出版传媒股份有限公司
照　　　　排	南京凯建图文制作有限公司
印　　　　刷	江苏凤凰通达印刷有限公司
开　　　　本	652 毫米×960 毫米　1/16
印　　　　张	15　　插页3
字　　　　数	166 千字
版　　　　次	2017 年 1 月第 1 版　2017 年 3 月第 2 次印刷
标 准 书 号	ISBN 978 - 7 - 214 - 19729 - 0
定　　　　价	35.00 元

（江苏人民出版社图书凡印装错误可向承印厂调换）

编委会名单

总　序

陈　洪　徐兴无

　　我们生活在文化之中，"文化"两个字是挂在嘴边上的词语，可是真要让我们说清楚文化是什么，可能就会含糊其词、吞吞吐吐了。这不怪我们，据说学术界也有160多种关于文化的定义。定义多，不意味着人们的思想混乱，而是文化的内涵太丰富，一言难尽。1871年，英国文化人类学家爱德华·泰勒的《原始文化》中给出了一个定义："文化，或文明，就其广泛的民族学意义上来说，是包含全部的知识、信仰、艺术、道德、法律、风俗，以及作为社会成员的人所掌握和接受的任何其他的才能和习惯的复合体。"[①]其实，所谓"文化"，是相对于所谓"自然"而言的，在中国古代的观念里，自然属于"天"，文化属于"人"，只要是人类的活动及其成果，都可以归结为文化。孔子说："饮食男女，人之大欲存焉。"[②]在这种自然欲望的驱动下，人类的活动与创造不外乎两类：生产与生殖；目标只有两个：生存与发展。但是人的生殖与生产不再是自然意义上的物种延续与食物摄取，人类生产出物质财富与精神财富，不再靠天吃饭，人不仅传递、交换基因和大自然赋予的本能，还传承、交流文化知识、智慧、情感与信仰，于是人种的繁殖与延续也成了文化的延续。

　　所以，文化根源于人类的创造能力，文化使人类摆脱了

---

　　① ［英］爱德华·泰勒：《原始文化》，连树声译，谢继胜、尹虎彬、姜德顺校，广西师范大学出版社，2005年，第1页。

　　② 《礼记·礼运》。

自然,创造出一个属于自己的世界,让自己如鱼得水一样地生活于其中,每一个生长在人群中的人都是有文化的人,并且凭借我们的文化与自然界进行交换,利用自然、改变自然。

由于文化存在于永不停息的人类活动之中,所以人类的文化是丰富多彩、不断变化的。不同的文化有不同的方向、不同的特质、不同的形式。因为有这些差异,有的文化衰落了甚至消失了,有的文化自我更新了,人们甚至认为:"文化"这个术语与其说是名词,不如说是动词。① 本世纪初联合国发布的《世界文化报告》中说,随着全球化的进程和信息技术的革命,"文化再也不是以前人们所认为的是个静止不变的、封闭的、固定的集装箱。文化实际上变成了通过媒体和国际因特网在全球进行交流的跨越分界的创造。我们现在必须把文化看作一个过程,而不是一个已经完成的产品"②。

知道文化是什么之后,还要了解一下文化观,也就是人们对文化的认识与态度。文化观首先要回答下面的问题:我们的文化是从哪里来的? 不同的民族、宗教、文化共同体中的人们的看法异彩纷呈,但自古以来,人类有一个共同的信仰,那就是:文化不是我们这些平凡的人创造的。

有的认为是神赐予的,比如古希腊神话中,神的后裔普罗米修斯不仅造了人,而且教会人类认识天文地理、制造舟车、掌握文字,还给人类盗来了文明的火种。代表希伯来文化的《旧约》中,上帝用了一个星期创造世界,在第六天按照自己的样子创造了人类,并教会人们获得食物的方法,赋予人类管理世界的文化使命。

---

① 参见［荷兰］C. A. 冯·皮尔森:《文化战略》,刘利圭等译,中国社会科学出版社,1992年,第2页。

② 联合国教科文组织编:《世界文化报告——文化的多样性、冲突与多元共存》,关世杰等译,北京大学出版社,2002年,第9页。

有的认为是圣人创造的,这方面,中国古代文化堪称代表:火是燧人氏发现的,八卦是伏羲画的,舟车是黄帝造的,文字是仓颉造的……不过圣人创造文化不是凭空想出来的,而是受到天地万物和自我身体的启示,中国古老的《易经》里说古代圣人造物的方法是:"仰则观象于天,俯则观法于地,观鸟兽之文与地之宜,近取诸身,远取诸物。"《易经》最早给出了中国的"文化"和"文明"的定义:"刚柔交错,天文也。文明以止,人文也。观乎天文,以察时变;观乎人文,以化成天下。"文指文采、纹理,引申为文饰与秩序。因为有刚、柔两种力量的交会作用,宇宙摆脱了混沌无序,于是有了天文。天文焕发出的光明被人类效法取用,于是摆脱了野蛮,有了人文。圣人通过观察天文,预知自然的变化;通过观察人文,教化人类社会。《易经》还告诉我们:"一阴一阳之谓道,继之者善也,成之者性也。仁者见之谓之仁,知者见之谓之知。"宇宙自然中存在、运行着"道",其中包含着阴阳两种动力,它们就像男人和女人生育子女一样不断化生着万事万物,赋予事物种种本性,只有圣人、君子们才能受到"道"的启发,从中见仁见智,这种觉悟和意识相当于我们现代文化学理论中所谓的"文化自觉"。

为什么圣人能够这样呢?因为我们这些平凡的百姓不具备"文化自觉"的意识,身在道中却不知道。所以《易经》感慨道:"百姓日用而不知,故君子之道鲜矣。"什么是"君子之道鲜"?"鲜"就是少,指的是文化不昌明,因此必须等待圣人来启蒙教化百姓。中国文化中的文化使命是由圣贤来承担的,所以孟子说,上天生育人民,让其中的"先知觉后知""先觉觉后觉"①。

---

① 《孟子·万章》。

无论文化是神灵赐予的还是圣人创造的，都是崇高神圣的，因此每个文化共同体的人们都会认同、赞美自己的文化，以自己的文化价值观看待自然、社会和自我，调节个人心灵与环境的关系，养成和谐的行为方式。

　　中国现在正处在一个喜欢谈论文化的时代。平民百姓关注茶文化、酒文化、美食文化、养生文化，说明我们希望为平凡的日常生活寻找一些价值与意义。社会、国家关注政治文化、道德文化、风俗文化、传统文化、文化传承与创新，提倡发扬优秀的传统文化，说明我们希望为国家和民族寻求精神力量与发展方向。神和圣人统治、教化天下的时代已经成为历史，只有我们这些平凡的百姓都有了"文化自觉"，认识到我们每个人都是文化的继承者和创造者，整个社会和国家才能拥有"文化自信"。

　　不过，我们越是在摆脱"百姓日用而不知"的"文化蒙昧"时代，就越是要反思我们的"文化自觉"，因为"文化自觉"是很难达到的境界。喜欢谈论文化，懂点文化，或者有了"文化意识"就能有"文化自觉"吗？答案是否定的。比如我们常常表现出"文化自大"或者"文化自卑"两种文化意识，为什么会这样呢？因为我们不可能生活在单一不变的文化之中，从古到今，中国文化不断地与其他文化邂逅、对话、冲突、融合；我们生活在其中的中国文化不仅不再是古代的文化，而且不停地在变革着。此时我们或者会受到自身文化的局限，或者会受到其他文化的左右，产生错误的文化意识。子在川上曰："逝者如斯夫。"流水如此，文化也如此。对于中国文化的主流和脉络，我们不仅要有"春江水暖鸭先知"一般的亲切体会和细微察觉，还要像孔子那样站在岸上观察，用人类历史长河的时间坐标和全球多元文化的空间坐标定位中国文化，才能获得超越的眼光和客观真实的知识，增强与其他文化交

流、借鉴、融合的能力,增强变革、创新自己的文化的能力,这也叫做"文化自主"的能力。中国当代社会人类学家费孝通先生说:

> "文化自觉"是当今时代的要求,它指的是生活在一定文化中的人对其文化有自知之明,并对其发展历程和未来有充分的认识。也许可以说,文化自觉就是在全球范围内提倡"和而不同"的文化观的一种具体体现。希望中国文化在对全球化潮流的回应中能够继往开来,大有作为。①

因为要具备"文化自觉"的意识、树立"文化自信"的心态、增强"文化自主"的能力,所以,我们这些平凡的百姓需要不断地了解自己的文化,进而了解他人的文化。

中国文化是我们自己的文化,它博大精深,但也不是不得其门而入。为此,我们这些学人们集合到一起,共同编写了这套有关中国文化的通识丛书,向读者介绍中国文化的发展历程、特征、物质成就、制度文明和精神文明等主要知识,在介绍的同时,帮助读者选读一些有关中国文化的经典资料。在这里我们特别感谢饶宗颐和叶嘉莹两位大师前辈的指导与支持,他们还担任了本丛书的顾问。

中国文化崇尚"天人合一",中国人写书也有"究天人之际,通古今之变"的理想,甚至将书中的内容按照宇宙的秩序罗列,比如中国古代的《周礼》设计国家制度,按照时空秩序分为"天地春夏秋冬"六大官僚系统;吕不韦编写《吕氏春

---

① 费孝通:《经济全球化和中国"三级两跳"中的文化思考》,《光明日报》2000年11月7日。

秋》,按照一年十二月为序,编为《十二纪》;唐代司空图写作《诗品》品评中国的诗歌风格,又称《二十四诗品》,因为一年有二十四个节气。我们这套丛书,虽不能穷尽中国文化的内容,但希望能体现中国文化的趣味,于是借用了"二十四品"的雅号,奉献一组中国文化的小品,相信读者一定能够以小知大,由浅入深,如古人所说:"尝一脔肉,而知一镬之味,一鼎之调。"

2015 年 7 月

目　录

绪　言

　　我国向来重视教育。几乎所有有建树的哲学家都是教育家,都热衷于各种形式的讲学和教育活动。透过其丰富的教育思想与实践活动,我们可以看到许多跨越时代的关于教育的真知灼见。如果我们用"教育应该培养怎样的人以及如何培养人"对我国丰富的教育思想与实践做一梳理的话,有一个绕不过的词语——"君子"。可以说,"君子"是对我国传统教育目标最具代表性和概括性的表述。如何成为君子,本书以"君子之学"概言之。欲阐明何谓"君子",就不得不先从儒家学派说起。

一条主线

当代著名哲学家张岱年曾明确指出："儒家哲学是教育家的哲学。"也就是说，儒家学者是从教育家的立场、观点来思考哲学问题的。何谓教育家？简言之，是指这些学者既有丰富和影响广泛的教育实践活动，又有基于教育实践基础之上的独到的教育思想、观点。从这个角度来说，儒家哲学思想的形成与发展离不开儒家学者丰富的教育实践活动，其哲学思想与教育思想是融合在一起的。范文澜则认为儒家教育思想作为中国传统教育思想的核心内容，理应是中国教育史的一条主线。儒家学派为什么会以教育为中心来建立自己的思想体系，以教育作为立国、救世的根本？我们可以通过"儒"的起源和"儒"的职能来解释这一文化之谜。

"儒家"是先秦时期孔子创立的学派。但孔子本人并未以"儒"自居。"儒"与"儒家"的概念既有区别又有联系,"儒"是人的一种身份或职业,儒家学派既然以"儒"命名,它和"儒"又有着必然的发展上的联系。儒家产生于"儒",弄清了"儒"的起源,也就能使我们初步揭开儒学为什么以教育为中心的思想根源。

"儒"的起源,历来为史家所重视。关于"儒"的最初含义,以汉代许慎《说文解字》的解释最有代表性。他说:"儒,柔也,术士之称。"可见"儒"本是掌握某些专门技艺以谋生计的人,其成分很复杂。《韩非子·内储说下》:"齐使老儒掘药于马黎之山。"可见医生也是儒的一种。《汉书·司马相如传》:"列仙之儒居山泽间,形容甚臞(qú)。"可见方士也是儒的一种。不过,儒的最重要的成分还是指从事教育的职官。据班固所著《汉书·艺文志》的解释:儒家流派,大概最早出于司徒之官,司徒是古代一个重要的官职。他们辅助国君,顺应自然,明扬教化。涵泳于六经文章之中,尤其注意仁义之事,远宗尧舜的道统,近守周文王、武王的礼法,尊崇孔子为师表,以此来强调他们言论的重要性,并且在各派道术当中最为崇高。儒家之所以重视教育,就在于所谓"司徒之官"是西周社会主要从事教化的官职。大司徒从事教化的内容,是六德、六行、六艺合成的"乡三物":"以乡三物教万民,而宾兴之:一曰六德,知、仁、圣、义、忠、和;二曰六行,孝、友、睦、姻、任、恤;三曰六艺,礼、乐、射、御、书、数。"(《周礼·地官·大司徒》)十分明显,儒家的教育思想、教学内容,均可在大司徒之职的规定中看到,由此可以看出儒家及儒学与司徒之职的渊源关系。

不仅如此,《周礼》中还有"师儒"的记载,进一步反映"儒"与教育职官的关系。《周礼·天官·大宰》中记载的"九两",就出现了"师"和"儒"的划分。"九两"是指诸侯联系万民、不使其离散的九项政治措施。"以九两系邦国之民：一曰牧，以地得民；二曰长，以贵得民；三曰师，以贤得民；四曰儒，以道得民；五曰宗，以族得民；六曰主，以利得民；七曰吏，以治得民；八曰友，以任得民；九曰薮，以富得民。"郑玄注："两，犹耦也。所以协耦万民"……，"师，诸侯师氏，有德行以教民者。儒，诸侯保氏，有六艺以教民者。"(《五经正义·周礼正义》)可见，《周礼》所说的"师""儒"均是西周时期从事教育的官职。由此可以说，儒家重视教育是有历史根源的。儒家教育的基本理念与教学内容均可以在《周官》师儒之职的记载中找到根据。师儒一方面是朝廷的官员，另一方面又是西周的专职从事教育的人员，这种政教一体的思想，也是儒家教育的基本理念。儒者强调"建国君民，教学为先"。

在春秋战国时期，儒学是显学，但它毕竟只是诸子百家中的一家而已。尽管孔子、孟子等儒家大哲均有经世之志，希望以仁道思想为指导而从事经邦济世的政治事业，当时却不能将儒家思想付诸实施，所以，儒家的社会功能并不十分明显。西汉以后，儒学的地位发生了显著的变化，董仲舒发挥了孔子的思想，提出"教，政之本也；狱，政之末也"(《春秋繁露·精华》)，主张道德教育是"为政之首"。进而，他把儒家的伦理规范概括为"三纲五常"。"三纲"即：君为臣纲，父为子纲，夫为妻纲；"五常"：仁、义、礼、智、信。汉武帝采纳董仲舒的对策建议，提出"罢黜百家，独尊儒术"。之后，儒学日益成为历代朝廷均要推崇的官学，并成为占统治地位的意识形态。这时，儒学的社会功能显得日益重要和突出，儒学不仅仅只是一门学术，而更是一种影响到其他诸如宗教、文艺、科技、教育等领域的观念文化形态，同时也是衍生成一套国家的政治法律制度和家族制度。儒学已经成为古代中国人自觉或不自觉的思想意识，对整个社会的各个层面，诸如帝王、士人、军伍、农民、商贾均产生深刻影响,进而成为中华民族共同的心理和习性。

儒学为什么能够成为支配、指导中国古代社会生活及个人行为的主导思想文化,发挥这么大的历史作用?一方面,这和那些掌握、传播儒学的儒士密切相关,同时也与儒家教育鲜明的人文特色有关。儒士是什么人呢?当然他们首先是儒学的掌握者,是饱读儒家经典,对儒学有一定程度的思考与研究,对儒家的道德义理有内在的体认和践履,并在生活中充当"师"的角色。儒士的教育活动包括宫廷教育、学校教育和社会教育。教育对象是君主、王公士大夫以及广大百姓,儒士们通过对这些不同的对象展开教育,从而实现着儒学的社会功能。

儒学的成就不仅仅体现于教育领域,还体现在儒家教育具有鲜明的人文主义特色,崇尚人文教育,倡导"观乎人文以化成天下"。梁漱溟对中西教育传统进行过比较。他在《东西人的教育之不同》一文中说:从学习的内容来看,西方人学习的是知识,而中国人学习的则是君子之道。中国教育重在情意方面,而西方教育重于"知"的方面。中西教育的不同究其根源其实是中西文化的不同。西方人注重遵循知识的逻辑,而中国人更注重遵从个体的经验、意见、心思和手腕,其实根本所在就是西方人关注的是生活的工具而中国人关注的则是生活本身。如果中西方的教育和文化能够相互借鉴,相互学习、促进才是最佳的途径。

所以,儒家的"观乎人文",是以道德义理为主的人文文化。儒家学者首先将对统治者的道德教育放在首位。中国古代的教育目的、教育机构、教学内容,皆是围绕着道德教育而展开的。西汉以后,儒家经典成为各级各类学校的基本教材,这种现象一直延续到清末。儒家经典之所以受到历代统治者的重视，就因为它详尽地载录了维护中国传统伦理的各种理论、规范、修养方法等。这一点，朱熹在《白鹿洞书院教条》中说得很清楚，"熹窃观古昔圣贤所以教人为学之意，莫非使之讲明义理，以修其身，然后推己及人"，成为一个合乎伦理要求的统治者。对统治者的道德教育要达到什么目标，必须经过哪些步骤？对此，《四书》之一的《大学》有明确规定。所谓"大学"，朱熹解释说："大学者，大人之学也。"朱熹认为该书所载的是关于从事国家政治的大人君子的学问。《大学》开篇所列的三纲领，即是对统治者或将成为统治者的士子们进行道德教育所要达到的目标："大学之道，在明明德，在亲民，在止于至善。"如何才能达到这个目标？《大学》提出了八个步骤，即格物、致知、诚意、正心、修身、齐家、治国、平天下。这便把道德教育和社会政治连成了一个有机整体，并把个体的道德教育、道德修养置之于决定天下国家政治的主导地位。

什么是"君子"

　　君子,是中国人公认的道德完善、品德高尚的人。"君子"一词形成久远、内涵鸿富、博大精深,深深地融入到了中国文化之中,也深刻地影响了中国人的性格和思想,成为中国人理想的人格,"中国人最独特的文化标识",这也就注定"中华民族是要做君子的民族"(余秋雨语)。所谓君子之学,简言之就是如何学做君子。"女为君子儒,无为小人儒。"(《论语·雍也》)这是孔子的一句名言,它深深影响了中国传统教育文化几千年,规定着中国教育的目的、内容、制度、方法。可以说,不明了"君子"的含义便不能理解中国教育文化传统。

　　关于"君子"的含义,历来解说纷纭。梁启超在 1914 年清华大学的演说中说:"君子二字其意甚广,欲为之诠注,颇难得其确解。"综合来看,起初人们关于"君子"的理解,应是指掌握统治权力的人,或处于管理地位的人,引申可指地位高的人。《礼记·玉藻》云:"古之君子必配玉……君子无故,玉不去身"。而庶民百姓是佩不起玉的。故王力先生指出:"最初君子是贵族统治阶级的通称。"考察先秦典籍,所谓"君子",大多是指有位者,即今天我们所说"当官的"。《论语》中被孔子直接称呼为"君子"的,其中:蘧伯玉为卫国大夫;南宫适是鲁国三桓之一的孟氏传人;宓子贱也官至"单父宰";还有季康子,虽然他品行很差,但孔子与他谈话时,还是依然称呼他为"君子"。这说明在春秋战国以前的时代,"君子"的主要含义是权力、身份、地位的标志,并不完全以道德为标尺。

如果是普通百姓,即便道德再高尚,也不会被称为"君子"的。根据古代宗法制度要求,国君之子(嫡长子)从小就要进行理想和人格的规范教育,所以自然成为个人修养上的楷模。后来,君子一词便引申为所有道德、学问修养极高之"地位高""人格高尚""尊敬""权贵"之人。也就是说,这一类的人,不仅仅局限于出身的高贵,还要本身具有高尚的人格。总之,在中华文化发轫之初,"君子"是人们对于为官者的称谓,其中所蕴含的道德要求,是全社会成员对于权力阶层所抱持的理想期待。以后随着政治经济文化的发展,"君子"概念逐渐脱离了权力意义,成为普通民众的人格向往,形成中华民族的集体人格规范。下面以两个孔子眼中的"君子"为例,说明到底何为君子。

《论语·宪问》有一段记载南宫适向孔子请教有关治国理政的一段话。有趣的是,当时南宫适并没有直截了当地发问,而是仅仅叙述了几个大家熟知的历史掌故:神箭手羿和大力神奡,勇武超人,战功卓著,但他们没得好死,下场悲惨。神射手羿是有穷国的国君,他灭夏篡位,被义子寒浞所杀;大力神奡是寒浞之子,寒浞弑羿篡夏,其政权得来不义,其子奡虽力大无比,终不能挽救其败亡之命运,父子均被夏的后人少康所杀。而修水利勤勉治水的大禹和教民稼穑大力发展农业的后稷却得了天下,最终成为圣者。南宫适话说到这就打住了,孔子听后以沉默作为回应。等到南宫适走后,孔子由衷地赞叹道:"君子啊,这人真是君子啊!"

另一位被孔子称为君子的是子贱,姓宓,名不齐,子贱是他的字,鲁国人。司马迁说他比孔子小 30 岁,《孔子家语》说他比孔子小 49 岁。子贱的道德修养之高,是少有人可与之比肩的。他曾经担任过"单父宰",相当于今天山东单县的县长。他用无为而治的办法来治理地方,取得了惊人的成绩。

据说,子贱是个仁爱有智慧之人,并且弹得一手好琴,他利用自己的特长,推行教化,每天只是弹琴作乐,靠音乐的力量感化人心,规范民众的行为,引导民众向善,被誉为"鸣琴而治"的政治家。其实,子贱所做的远远超过人们表面上所看到的,他轻赋役,振困穷,举贤能,退不肖,以实际行动树立廉洁的执政作风,从而赢得了民心。孔子不仅直呼他为君子,而且认为子贱的道德才华"堪比尧舜",可以担当更大的责任,治理更大的地方。孔子谓子贱:"君子哉若人!鲁无君子者,斯焉取斯。"(《论语·公冶长》)孔子在这里说,子贱这人真是个君子啊!谁说鲁国没有君子?如果鲁国无君子的话,那么子贱是从哪里来的呢?

以上两例虽然是在讲如何治理国家,但透过此我们却看到了一幅栩栩如生的"君子"画像。"君子"一词在《论语》中共出现 107 次,辜鸿铭先生说:"孔子全部的哲学体系和道德教诲可以归纳为一句话,即君子之道。"在儒家思想中最具代表性的对君子的描述有哪些呢?

一、仁者爱人

《论语》中论"仁"有 58 章,共谈到 105 次,其中孔子的学生问"仁"有 9 处,但孔子给出的答案每次都有不同。人们可能会有疑问,为什么每次回答的内容都不一样呢?究竟孔子所说的"仁"有没有一个定论呢?我们可以从他对子贡和曾子所说的"予一以贯之"中看出,孔子对他所推崇的"仁"一直是有一致见解的,只是他从多个方面来作了论述罢了。据文献记载可以初步断定,"仁"和"仁人"这些词是西周人所造的。"仁"字最初源于两个人相亲相爱,"仁人"是一个王朝或是封国建立牢固的统治秩序所不可缺少的。将"仁"的含义规定为"爱人",并建立了一套仁爱的理论,则是从孔子开始的。"仁者爱人"这四个字是对"仁"的高度概括。孔子认为"爱人"要由近及远，首先要"亲亲"，做到"入则孝，出则悌"，然后才能"泛爱众"。可见，"孝悌"是仁之本。也就是说，做人，在家能够孝敬父母、尊敬兄长，那么才不会做出悖逆尊长这样的事。在孔子所有的学生中，孔子认为只有颜回才算得上仁者。下面这则故事，或许能帮我们找到为什么说颜回算得上仁者的原因。

　　有一天，孔子的学生子路、子贡、颜回三个人陪同孔子出游，来到了鲁国边境的农山。山下是一大片肥沃的土地，却没有耕种，长满了野草。由于鲁国国势衰弱，常常遭到强大的齐国、楚国等国的侵扰，农山下的这块土地正好是鲁国与齐、楚等国的边境，从这里出发可以到齐国、楚国，齐国和楚国也可以从这里入侵，进入鲁国。孔子看着肥沃的土地因地处三国交界而荒芜，感到十分惋惜。他叹了一口气说："你们三个人就前面这块荒地谈谈各自的想法，让我来听听。"子路是一名武将。老师的话刚刚落音，他就迫不及待地回答道："我愿担当起保卫鲁国的责任，敌人的军队若从这里侵入，我就穿上威武的军装，高举战旗，吹起号角，擂响战鼓，率领一支军队冲向敌军，夺过他们的帅旗，杀得敌人望风而逃。我再乘胜扩大鲁国的疆土，使鲁国强大起来。"一番慷慨激昂的"演讲"完毕后，还没等别人搭话，子路又自豪地说："这只有我仲由才做得到。子贡和颜回，你们就跟在我后边立功吧！"孔子没有任何表情，只是淡淡地说："真是一名勇将。"接着，子贡说道："这块土地是一个很好的战场，齐、楚等国的军队会在这里摆开阵势进攻鲁国，鲁国的军队也将摆开阵势在这里迎战。战鼓已经擂响，军队互相对峙，在战争一触即发的时候，我穿上外交家的白色礼服，在齐楚的阵营前游说，坦陈利害，使他们不战而退。只有我这样才能挽救鲁国。子路和颜回你俩只要跟着我就行了。"孔子仍然平静地评论:"真是一个口才雄辩的外交家。"最后轮到颜回了,他却退到一旁不语。孔子再三鼓励后,他才说:"我希望鲁国有一个贤明的国君,让我辅佐他,实行教化,宣扬礼仪,倡导良好的社会风气,使鲁国强盛起来,与邻国和睦相处。不劳民伤财地建筑防御敌人的城池,把刀剑化为农具,让牛马在这片肥沃的土地上自由劳作。永远没有战争,各家的男人也不会因战争而别离妻室儿女。子路的勇武再也无用武之地,子贡雄辩的口才再也无处施展。因为那时天下已经太平。"孔子听得呆了,早已沉醉于颜回描绘的美景中,非常感动。过了片刻他才严肃地称赞说:"这是多么美好的前景,多么崇高的道德理想啊!"在这个故事里,子路、子贡、颜回都表达出对国家的责任和他们的理想,虽然所站的角度不同,但各自的角度体现了儒家的价值取向,因此孔子都给予肯定。但孔子认为,只有颜回最准确地理解了儒家的理论,这就是"仁"。由此可以知道为什么孔子给予颜回如此高的评价了。

那么,我们怎样才能做一个仁爱之人呢?孔子说:"己欲立而立人,己欲达而达人。能近取譬,可谓仁之方也已。"(《论语·雍也》)就是说你自己想有所建树,就要让别人也有所建树;你自己想实现理想,要让别人也实现理想。能够从身边的小事做起,推己及人,就是实践仁的方法。归根结底,在孔子看来,仁是做人的根本,是处于第一位的。由亲亲而亲民而亲天下。"君子笃于亲则民兴于仁"(《论语·泰伯》),君子厚待父母,那么民众就会学习效法,从而形成仁爱和谐的社会风气。由爱心推展出去,由爱人而爱物,如爱花鸟虫鱼,爱草木走兽,爱山川河流,爱风雪雷……大爱无疆。孟子说,"仁民而爱物","仁者无不爱也"。(《孟子·尽心上》)

应该说这种由爱人而爱物而爱一切的心性,是构成君子人格的道德根基。孔子所处的是一个"礼崩乐坏"的时代,社会秩序处于混乱状态。面对严重的社会危机,各家各派都在寻求医治社会弊病的良方。道家以无为而治为救世之方,墨家以兼爱非攻为平乱之术。以孔子为代表的儒家则认为,要维护社会秩序,必须恢复周王朝所建立的一整套礼仪规范,亦即"复礼"。如何"复礼"? 孔子感到,单纯采取强制性的手段,已经不能奏效。因为当时诸侯割据,周天子的威仪已经丧失。于是孔子创造性地以"仁"释"礼":"人而不仁,如礼何? 人而不仁,如乐何?"(《论语·八佾》)没有"仁",当然不会有什么"礼",要复兴"礼",当从"仁"入手。如果说,"礼"是孔子思想的出发点,那么,"仁"则是孔子思想的核心。

二、如其礼乐,以俟君子

君子人格的行为规范在于"礼"。礼是古代祭神致福的仪式,也叫"礼仪"或"仪礼"。这种仪式庄重、规范、严肃,后来引申出社会行为的法则、规范的含义。周代在行礼的时候,开始演奏高雅、严肃的音乐,这种配乐的礼仪,也叫"礼乐"。礼乐具有示范、引导、教育、熏陶等作用,所以礼乐又引申出典章、制度、规矩、文化、文明等含义。

子路、曾皙、冉有、公西华侍坐。子曰:"以吾一日长乎尔,毋吾以也。居则曰:'不吾知也!'如或知尔,则何以哉?"子路率尔而对曰:"千乘之国,摄乎大国之间,加之以师旅,因之以饥馑,由也为之,比及三年,可使有勇,且知方也。"夫子哂之。"求而何如?"对曰:"方六七十,如五六十,求也为之,比及三年,可使足民。如其礼乐,以俟君子。"(《论语·先进》)这一段话是《论语》中最精彩、最重要、最著名的段落之一。因为篇幅所限,仅就"如其礼乐,以俟君子"一句话作注解,"至于行为规范道德精神的构建,就只好留待真有学养的君子来操办了"。

君子的学养是如何得来的？孔子有一句话概括得很好，他说："君子博学于文，约之以礼，亦可以弗畔矣夫!"（《论语·雍也》）"畔"的释义为"背"，"弗畔"，就是不违背。不违背什么呢？就是孔子说的"七十而从心所欲不逾矩"的那个"矩"。何谓"矩"？他说："君子怀刑，小人怀惠。"（《论语·里仁》）君子关心的是法律秩序，就是前面所讲的"仁"与"义"。"七十而从心所欲不逾矩"，是孔子心目中较高的人生境界。它意味着道德自律已经成为个人发自内心的要求，不需要任何外界的社会规范来约束自己。当然，只是孔子到了七十岁时随心所欲不违仁义，而一般的博学君子则还需要"约之以礼"即通过礼的约束才能做到不违仁义。孔子要求弟子在"博学于文"之后不忘"约之于礼"，可能与当时有学者以"博学"为傲人、卖弄资本的现象有关。老聃就曾指出过这一不良现象："知者不博，博者不知。"因为博，反而误入歧途。孔子正是有鉴于此，才提出以礼约博，作为君子的标准之一。孔子还说过"君子不器"，这句话有两层含义。首先，孔子认为君子应该视野开阔，掌握多种技能；其次，作为思想层次较高的君子，因为能够掌握人生的大道理和事物的本质规律，所以无论做什么事情都能够很快精通，可以从事很多的职业，在很多方面取得成功；更重要的是，除了从事职业工作的能力以外，还要在精神品质方面有更高的境界。

关于君子的行为规范还有很多，小人考虑的是恩惠小利。《论语·季氏》记载，孔子说君子有九件事情需要思考：看，要考虑是否看明白；听，要考虑是否听清楚；脸色，要考虑是否温和；容貌，要考虑是否谦恭；言语，要考虑是否忠实；办事，要考虑是否认真；疑虑时，要考虑是否应该向别人询问；愤怒时，要考虑会不会有后患；遇见有所得，要考虑自己是否合乎义的准则。孔子所提出的这"君子九思",被很多古代的读书人视为立身处世的准则。这九条准则为我们塑造出一位睿智、勤勉、儒雅、正直的古代读书人形象。另外,儒家对"君子"还有更多的规范和要求,比如君子有四不:君子不妄动,动必有道;君子不徒语,语必有理;君子不苟求,求必有义;君子不虚行,行必有正。

三、义:君子人格的价值尺度

孔子认为君子还应以义为贵。什么是义？义是"義"的简化字。甲骨文"義"是用刀斧屠宰牛羊以祭祀的会意字。在古代,杀牲祭祀是必须办理的重大事情,由此引申为正当的、合宜的、应该的、公正的、合乎正义或公益的道理、举动等。冯友兰先生在《中国哲学之精神》一书中说:"道德方面的应该,无条件的应该,就是

字源演变
甲骨文　小篆　楷体

所谓义。"从字源上讲,义(義)、宜、谊同源,古代典籍中经常通用。先秦诸子几乎人人口不离义,其中孟子解义最为周详和精辟,《论语》也24次讲到义。君子做事的基本价值尺度就是义。孔子不否认人有追求正当利益的权利,但孔子强调人对于利益的追求一定要符合正当性的要求。"不可求"之事,也就是不义之举。"不义而富且贵,于我如浮云。"违背义的事情,即使再有利也不应当做。他说:"财富和地位是人人盼望的,不用正当的方法获得,君子就不接受它们。贫困和地位低贱,是每个人都厌恶的,如果不依靠正当的方法摆脱,是摆脱不了的!君子抛弃自己的仁德,怎能成就自己的好名声呢?"(《论语·里仁》)孔子一生为了推行自己的政治主张,经历了很多磨难,甚至到了饥不得食的地步。但孔子不因为

富贵荣华放弃自己的志向，也不因贫困潦倒改变自己的追求，坚持做人的操守，表现出伟大的勇气和毅力。正因如此，他才得到了无数人的敬仰，人们不仅钦佩他博大精深的思想，更为他的人格魅力所感动。

孟子提出了"五伦"，"义"字在《孟子》全书中共出现108次，若不计入其他引用非孟子之言，则有94次。孟子提出了"四德"：仁、义、礼、智。他将"仁"列为首位，是对孔子思想的继承和发扬，将"礼"降到第三位，表明周代以"礼"为首的退位。将"智"作为一德，也是对孔子智、仁、勇"三达德"的一种继承。他认为"四德"源于人的"心"，于是提出："恻隐之心，仁之端也；羞辱之心，义之端也；辞让之心，礼之端也；是非之心，智之端也。"他认为，"无恻隐之心，非人也；无羞恶之心，非人也；无辞让之心，非人也；无是非之心，非人也。"有无"四心"乃人与禽兽之别也。他还提出"富贵不能淫，贫贱不能移，威武不能屈"的"大丈夫"人格与气节的标准，对于中国人形成独立的意志与人格，对中华道德精神的确立一直起着重要的作用。

四、知——君子人格的态度

知与智同源，先秦典籍中知、智通用。如下图。

知既有知识、知道、了解、感知、记忆、掌握等意义，也有判断、聪明、智谋、智慧等含义。后来专有"智"的出现，"知"与"智"二字才有了分工。《论语》中"知"出现116次，其中25

次是代替"智"出现的。知是君子的构成要素之一,也是最基础的要素。孔子曾对子路说,人有六种品德:仁、知、信、直、勇、刚,也便有六种弊病:愚、荡、贼、绞、乱、狂。爱仁德,不爱学问,就容易被人愚弄;爱要聪明,却不爱学问,弊病就是放荡而无基础;爱诚实,却不爱学问,就容易被人利用,反而害了自己;爱直率,却不爱学问,说话就会尖刻,刺痛人心;爱勇敢,却不爱学问,就会捣乱闯祸;爱刚强,却不爱学问,就容易胆大妄为。君子如果没有知识学问作为基础,行为上就要出现偏差,好的道德品质就难以形成和提高。所以,儒家思想中知识教育也被纳入到道德教育的范畴。

那么,如何获得"知"呢?对待"知"要有一种实事求是的态度。孔子有一句名言:"知之为知之,不知为不知,是知也。"孔子的话道出了现实生活中许多人的通病。自以为是、盲目自大,好面子,讲虚荣,不愿承认自己有不知道、不懂的地方,看似聪明,实为愚蠢。人生是短暂的,知识的海洋庞大而深远,以有限的生命对待无限的知识洪流,只有不断积累,正视自己的无知之处,人才能不断进取。这种诚实态度,才是真正的聪明态度。除此之外,对待知识学问,还要有好学、乐学的精神。怎么做才叫好学?孔子认为,求学的人对于吃住问题不必过多计较,重要的是勤敏做事,慎于言语,向有道德学问的人学习,这才算得上好学。好学还不够,进一步还应乐学,他说:"知之者不如好之者,好之者不如乐之者。"知道学问有用而学的人不如为了爱好学问而学的人,为爱好学问而学的人不如以求学为乐的人。以学为乐的人有强烈的求知欲,对学习存在浓厚兴趣,不为名利所诱惑,对饥寒威胁置之度外。在孔子的学生中,颜回就是这样的人。颜回(前521—前481),曹姓,颜氏,名回,字子渊。春秋末鲁国人,孔子最得意弟子。《论语·雍也》说他"一箪食,一瓢饮,在陋巷,人不堪其忧,回也不改其乐"。颜回吃着简单的饭食,居住在简陋破旧的房屋里,在别人无法忍耐的环境里,他却保持着他好学的乐趣。颜回追求的是精神上的完美,所以丝毫没有把物质上的贫困放在心上。颜回为人谦逊好学,"不迁怒,不贰过"。他异常尊重老师,对孔子无事不从无言不悦,以德行著称,孔子称赞他"贤哉回也"。孔子赞美颜回并非因他能忍受生活的贫困,也并非因他用贫困磨砺自己。他赞美的是颜回的精神——为了自己的理想,不断追求,即使为此过着清贫的生活也在所不惜。自汉代起,颜回被列为七十二贤之首,有时祭孔时独以颜回配享。此后历代统治者不断追加谥号:唐太宗尊之为"先师",唐玄宗尊之为"兖公",宋真宗加封为"兖国公",元文宗又尊为"兖国复圣公",明嘉靖九年改称"复圣"。山东曲阜还有"复圣庙"。

与"君子"内涵相近的其他表述

大丈夫。在源远流长的中国教育的历史中,关于培养什么样的人才,虽然"君子"之说影响至深至远,但除此之外,还有一些其他表述,比如孔子关于教育培养目标的表述有:士、君子、土君子、君子儒、圣人等。孟子最为赞赏的人物是大丈夫。孟子有一个学生景春,他曾对孟子说:公孙衍和张仪难道不是真正的大丈夫吗?孟子说他们怎么能够叫大丈夫呢?大丈夫应该是这样的:"居天下之广居,立天下之正位,行天下之大道;得志与民由之,不得志独行其道;富贵不能淫,贫贱不能移,威武不能屈:此之谓大丈夫。"(《孟子·滕文公下》)朱熹《孟子集注》对此的解释是:"广居,仁也;正位,礼也;大道,义也。""与民由之,推其所得于人也;独行其道,守其所得于己也。""淫,荡其心也。移,变其节也。屈,挫其志也。"这一段话描绘了这样的大丈夫形象:他们住在天下最宽广的住宅里,站在天下最正确的的位置上,走着天下最光明的大道。得志之时,便与老百姓一道前进;不得志之时,便独自坚持自己的原则,独善其身。富贵不能使我骄奢淫逸,贫贱不能使我改移节操,威武不能使我屈服意志。这样才叫做大丈夫啊!短短的几句话,内涵十分丰富:首先,大丈夫应以仁、礼、义儒家这三个最主要的道德规范为内核。坚信人的道德、操守、人的价值、人的尊严之高贵。一个人若能不失其赤子之心,人之道德良知则千古不灭,世界上最为宝贵的东西是内在于每个人自身的,这就是人的道德品质和精神境界,这些精神财富的价值远远高于外在于人的物质财富和权力地位。其次,大丈夫应有"刚毅不拔"的精神。这里的"刚"不是盛气凌人,不是张狂,而是严格"克己"型的。孟子曰:"爱人不亲,反其仁;治人不治,反其智;礼人不答,反其敬——行有不得者皆反求诸己,其身正而天下归之。"(《孟子·离娄上》)第三,大丈夫还应有从容、快乐的人生态度。孟子曰:"君子有三乐,而王天下不与存焉。父母俱存,兄弟无故,一乐也;仰不愧于天,俯不怍于人,二乐也;得天下英才而教育之,三乐也。君子有三乐,而王天下不与存焉。"孟子曰:"万物皆备于我矣。反身而诚,乐莫大焉。强恕而行,求仁莫近焉。"(《孟子·尽心上》)宋代大儒程颢有一首诗《秋日偶成》,表现出儒家的这种乐天知命的境界,能够帮助我们很好地理解孟子大丈夫之"乐"。

> 闲来无事不从容,睡觉东窗日已红。
>
> 万物静观皆自得,四时佳兴与人同。
>
> 道通天地有形外,思入风云变态中。
>
> 富贵不淫贫贱乐,男儿到此是豪雄。
>
> (《二程集》,中华书局1981年版,第482页)

最后,"大丈夫"是如何修炼的呢?孟子是一位典型的主观唯心主义者,他认为一切力量源于人的本心,经过不断的修炼和存养就能使内在的"良知"、"良能"和相应的力量挖掘出来。这种精神力量集中反映在孟子的"浩然之气"上。什么是"浩然之气",虽然连孟子自己也感到说不清,"其为气也,至大至刚、以直养而无害,则塞于天地之间。其为气也,配义与道;无是,馁也。是集义所生者,非义袭而取之也。"(《孟子·公孙丑上》)可见,这种"气"其力量是无穷的,它来源于长期日积月累的道德修养,而不是偶然从心外所得。它

"配义与道"，否则就不会有力量。"浩然之气"可以理解为受信念指导的情感和意志相混合的一种心理状态和精神境界，这是一股洁然正气。孟子认为，有了这种"浩然之气"就可以说是顶天立地的"大丈夫"。

大儒、成人和圣人。荀子也经常提到"君子"，不过，他更为崇尚的人是"大儒""成人"和"圣人"。荀子在《儒效》一文中，曾将儒分三等：俗儒——也称贱儒、腐儒、陋儒，他们"术谬学杂"，谄媚于当权者；雅儒——能"尊贤畏法"，不"暗上"亦不"疾下"，虽创新进取不足，但不愿自欺欺人；大儒——能"以浅持博，以古持今，以一持万"，有高深的理论素养，还具有坚定不移的意志和信念。荀子在《劝学》中还提出"成人"的完美人格："……权利不能倾也，群众不能移也，天下不能荡也。生乎由是，死乎由是，夫是之谓德操，德操然后能定，能定然后能应。能定能应，夫是之谓成人。"德操是"成人"的前提与核心。不倾慕权力，在私欲面前没有邪念，不屈服于人多势众，天下万物不能动摇其信念，活着如此，到死也不会改变，这就叫做有德行、有操守。有德行和操守，才能做到坚定不移，坚定不移然后才有随机应对，能做到坚定不移和随机应对，那就是成熟完美的人了。这与孟子的"大丈夫"何其相似。孔孟虽也论及人才层次，但不如荀子明确、具体和全面。而且孔孟论及人才大多侧重于人的仁义品质和道德修养，而荀子在此基础上又突出了知识水平、思维能力和实际工作能力等的重要性，尤其是高层次人才，知识和才能显得更为重要。例如，他对圣人特点的描述包含着重要的人的能力指向。荀子思想中的"圣人"，可以从从几个方面把握。首先，圣人是道德完善之人，荀子在《儒效》中提到"圣人者，道之极也"。圣人是道德完美的人，是衡量是与非的标准。在荀子笔下，圣人是天下大道之关键。其次，人人皆可成为圣

21

人,"涂之人可以为禹"。再次,学可以为圣。圣人所以成为人道之极,群伦之表,就在于他们能够自觉地改造或抑制人的自然本能。鉴于此,荀子在《解蔽》篇中,提出了一个重要的克服认识片面性的方法论原则。荀子看到,大凡人的毛病,都是被事物的某一个局部所蒙蔽。爱好、憎恶会造成蒙蔽,只看到开始或者只看到终了会造成蒙蔽,只看到远处或者只看到近处会造成蒙蔽,只了解古代或者只知道现在也会造成蒙蔽。大凡事物都有不同的方面,同一事物的不同侧面,同一事物同一侧面的不同发展阶段,都是存在着差异的。所以,作为圣人,要"修百王之法",要"解蔽","圣人知心术之患,见蔽塞之祸,故无欲、无恶、无始、无终、无近、无远、无博、无浅、无古、无今,兼陈万物而中悬衡焉。"《荀子·解蔽》。

鸿儒。王充,东汉重要的思想家和教育家,章太炎称他为"汉代一人"(章炳麟《訄书·学变》)。王充的思想庞杂,其显著特点是"破"而不是"立"。他所崇尚的人才是"鸿儒"。王充对儒家教育及其不同层次的人才要求做了明确的分类,由低到高的排序为:儒生、通人、文人、鸿儒。从王充对人才的分类及其对不同人才的界定可以看出,他有两点明显的倾向。其一,在注重德才兼备的同时,他更看重人才的实践能力。他对"道"和"事"作了明确的区分,认为应该学以致用,讲求实效:"事莫明于有效,论莫定于有证。"(《论衡·薄葬篇》)。他把学习或得道的重心放在灵活运用上。其二,在学习和创造的关系上,王充特别推崇和强调能著书立说的创造型学术大师即"鸿儒"。鸿儒"能精思著文,连接篇章",并能"兴论立说",具有独创精神和超前意识。王充对人才培养目标的设定可使人变得灵活、变通而实际,把儒学引向不断创造和发展的轨道。王充的怀疑和批判精神可以说是中国古代学风中最为缺乏的。怀疑和批判精神既是一种能力,更是一种思维方式,是教育和学术的创造与发展不可缺少的重要因素。

醇儒。 南宋理学家朱熹在众多的学术领域都有很深的造诣,是宋明理学第一个发展高潮中的最杰出的代表。宋明理学是以宇宙论和本体论为基础、以心性论为核心、以圣贤境界为人格追求的学术思潮和思想流派。朱熹认为,教育的根本目的就是教人做人。他认为,上至帝王、贤人,下至愚民、懒人,都须"由教而入"使之成为"醇儒"。"醇儒"是朱熹理想的培养目标。"醇儒"是一种什么境界呢?在他那里并不只是强调个体的人对于社会及其社会规范的简单认同,更强调以此为基础,实现内在心性的自我超越和自我实现,从而达到高度自觉又高度自由的精神境界,此即他说的"醇儒境界"。可以说,达到这种境界的个体突破了一己之小我的限制,而与社会之大我、天地之大我融为一体,从这个意义上说,它是"天人合一",即实现了人与自然、主体与客体的有机统一的境界。"醇儒"的人格模式可用下图表示:

$$醇儒\begin{cases}修己——"明明德"——"灭人欲"\\治人——"亲(新)民"——"明人伦"\end{cases}"复性"或"复初"$$

完人、超人。 与朱熹同时代的南宋另一著名思想家、教育家陆九渊,还提出了"完人""超人"的教育培养目标。陆九渊提出明理、立心、自主,最后达至"做人"。做人包含两种含义。一是做伦理道德的"完人",亦即圣贤君子。"人生天地间,为人自当尽人道,学者所学为学,学为人而已。"教育的目的即是培养学生理解学为人的道理。二是教育的最高境界即是做独立的超人,即体现"天地之心"的主宰者。明理立心,扩充自我,做一个能驾驭万物之上、体现作为世界本体的"心"的超然的人。如果说培养"完人"的主张是继承孔子以及儒家传统教育思想的话，那么，他的"超人"观点的提出则反映了陆九渊的教育思想的鲜明的个性特色。所谓"超人"，即不仅要有圣人的人格，而且还需有独创的求新的精神风貌；不仅具有"舍我其谁"的高度使命感，且还应有思想自由、无所顾忌的气魄，能"激励奋迅，决破罗网，焚烧荆棘，荡夷汙泽"（《陆九渊集·语录下》）。他一反儒者君子自谦的传统，自诩为超人："仰首攀南斗，翻身倚北辰，举头天外望，无我这般人。""我无事时，只似一个全无知无能底人。及事至方出来，又似个无所不知、无所不能之人。"（《陆九渊集·语录下》）

以上诸多关于教育培养目标的概括，反映出我国古人对精神生活的深刻体会和理解，体现出儒家对主体性人格的推崇和追求。

什么是"学"？

教育是一个地道的"现代"概念，在我国古代学术思想中并不经常使用"教育"一词。一般情况下，"教""育"两个字分别有自己独立的意思，不连在一起使用。《孟子·尽心上》中有一段话，"得天下英才而教育之，三乐也"。按《说文解字》的解释，"教，上所施，下所效也"，"育，养子使作善也"。这里尽管连用，却表达两个不同的意思，并不是指培养人的活动的专有名词。直到19世纪末20世纪初，"教育"才成为一个概念。那么，在这之前的几千年时间里，我国学者在谈论教育一类的问题时使用的是哪一个词？这个词的意义是什么？到了近代又为什么选用"教育"这个词来翻译来自西方的教育著作？

中华民族有悠久的历史和灿烂的文明，教育历史传统同样厚重与丰富，古代思想家不以"教育"名之，而多使用"教"和"学"这两个词。两者比较起来又以"学"为多。

一、"学"的意义

"学"甲骨文的写法是 ，金文的写法是 。"学"是个会意字，甲骨文的上部为左右两手结网之形，"结网为复杂之技能，非传授不能获得"，"学"就是获得的意思。对金文"学"的一种说法是，上部为左右两手，中间的"爻"表示杂草，下面是一个小孩子，合在一起就是表示用手把孩子头上的"杂草"除去，从而使他们聪明起来，具有"使人聪慧"的意味。综合这两种解释，可以认为，"学"在字意上具有使人"获得知识经验,启发人生智慧"的意思。《礼记·王制》中有这样一段话:"殷曰学,学者,觉也,觉民者,所以反其质,故曰学。"意思就是说,"学"就是"觉悟",使人觉悟就是使他返回到原来的本性。

根据相关思想资料,我们把"学"的意义概括为:第一,"学"以为人,这是目的,也是内容,是二者的统一。"学"不仅仅是为了获得知识,更主要的是学习如何做人,做一个德行高尚的人。第二,"学"的态度,如勤奋乐学,"发愤忘食,乐以忘忧,不知老之将至"(《论语·述而》)。第三,"学"的方法。"学"则由己,这是根本方法。"学"重在个体自觉,孔子将其概括为"为人由己"(《论语·颜元》)。第四,"学"必有恒,这是为学的基本前提。古人讲学,无不强调"有恒",强调"专心",强调"功夫"。"学"的最高境界就是成为"圣人""君子"。

以上关于"学"的概述肯定是不全面的,但是通过此,我们可以体会到"学"的真谛所在:"学"的对象不是一个有限的物质世界、知识世界,是一个无限的道德世界。这也就规定了"学"的追求,不是个体的某些方面心智的发展,是整个人的生成,整个生活世界的建构。以此,"学"所依托的不是纯粹的理性,而是人的整个内在世界和外在世界的参与。

二、"学"的机构

"学"还是古代教育机构的名称,如"大学(右学)""小学"(左学)"国学""乡学""官学""私学""太学""社学"等。

三、教与学的关系

教也是个会意字。如下图。

甲骨文　　　金文　　　小篆

　　"教"字的左下方是个孩子,左上方是被鞭打的象征符号,右边是个拿鞭子的人,合起来的意思可以解释为用鞭打的手段迫使孩子学习文化知识。由此可见,"教"是一种外在于学习者的文化灌输,而且使用了强制性的手段。此外,"教"还可以当作"效法"或"学习"解,这时它起源于"学"。在《尚书·说命》中有"学学半"(前一个"学"字音 xiào,本字读作"敩")的短语,说明了这两个词之间的关系。总之,从词源来看,"教""学"二字是以"学"为基本,为核心的。古人在论述人的发展问题时也大都通过"学"的论述来阐述自己主张的。例如《学记》开篇语:"发虑宪,求善良,足以謏(xiǎo)闻,不足以动众;就贤体远,足以动众,未足以化民。君子如欲化民成俗,其必由学乎!""玉不琢,不成器;人不学,不知道('道'指儒家之道)。是故古之王者建国君民,教学为先。"从现代公认的古代教育名著名称来看,也可以说明古代论"教"大都以论"学"形式出现,如《礼记》中的《大学》、荀子的《劝学》、唐代韩愈的《进学解》等。

　　19 世纪末 20 世纪初,为了兴学育人,挽救民族危亡,甲午战后赴日留学的一些人开始翻译日文教育学书籍的工作。由于日文中有"教育"和"教育学"一词,故翻译过来的有关"兴学"的实践和理论就称为"教育"和"教育学"。一些学者以王国维在《教育世界》上翻译的日本立花铣三郎的《教育学》为最早。在学界的影响下,一些朝廷大臣及思想家的著作中也开始出现"学"与"教育"并存、"兴学"与"普及教育"并提的情况,1906 年,学部奏请颁布"教育宗旨"。民国之后,才改"学部"为"教育部",此后,"教育"一词遂取代"学"成为有关教育问题研究的基本概念。

原典选读

"质①胜文②则野，文胜质则史③。文质彬彬，然后君子。"

——《论语·雍也》

"羿善射，奡荡舟，俱不得其死然。禹稷躬稼而有天下。"夫子不答。南宫适出，子曰："君子哉若人，尚德哉若人！"

——《论语·宪问》

有子④曰："其为人也孝悌，而好犯上者，鲜矣；不好犯上而好作乱者，未之有也。君子务⑤本，本立而道⑥生。孝悌也者，其为仁之本与！"

——《论语·学而》

子曰："君子周⑦而不比⑧，小人比而不周。"

——《论语·为政》

君子怀⑨德⑩，小人怀土⑪；君子怀刑⑫，小人怀惠⑬。

——《论语·里仁》

---

① 质：实也，指人的内在品质。
② 文：饰也，指人的外在文采。
③ 史：古代掌管文书的官吏都叫史。
④ 有子：孔子学生，姓有，名若。
⑤ 务：做，干，从事。
⑥ 道：正确的人生观、世界观。
⑦ 周：以道义来团结人称为"周"。
⑧ 比：以暂时共同利害相勾结称为"比"。
⑨ 怀：考虑，惦念，牵挂。
⑩ 德：道德。
⑪ 土：土地，居住地，引申为所安之处。
⑫ 刑：法制，规矩。
⑬ 惠：恩惠，利益。

子曰："君子之于天下也，无适^①也，无莫^②也，义之与比^③。"

——《论语·里仁》

君子坦^④荡荡^⑤，小人长戚戚^⑥。

——《论语·述而》

子曰："侍于君子有三愆^⑦，言未及之而言谓之躁，言及之而不言谓之隐，未见颜色而言谓之瞽。"

——《论语·季氏》

君子所以异于人者，以其存心也。君子以仁存心，以礼存心。仁者爱人，有礼者敬人。爱人者，人恒爱之；敬人者，人恒敬之。有人于此，其待我以横逆，则君子必自反也：我必不仁也，必无礼也，此物奚宜至哉？其自反而仁矣，自反而有礼矣，其横逆由是也，君子必自反也：我必不忠。自反而忠矣，其横逆^⑧由是也，君子曰："此亦妄人也已矣。如此，则与禽兽奚择^⑨哉？于禽兽又何难^⑩焉？"是故君子有终身之忧，无一朝之患也。乃若所忧则有之：舜，人也；我，亦人也。舜为法于天下，可传于后世。我由未免为乡人也，是则可忧也。

---

① 适：适合、适应、顺从、肯定。
② 莫：勿、不要、不能、否定。
③ 比：比照，按照，合乎。
④ 坦：安然、平坦。
⑤ 荡荡：广远之意。
⑥ 戚戚：时时忧虑。
⑦ 愆(qiān)：过失。
⑧ 横逆：朱熹《集注》云，"横逆，谓强暴不顺理也。"
⑨ 择：分别。
⑩ 难：责难。

忧之如何？如舜而已矣。若夫君子所患则亡矣。非仁无为
也，非礼无行也。如有一朝之患，则君子不患矣。

——《孟子·离娄下》

君子莫大乎^①与^②人为善^③。

——《孟子·公孙丑上》

恻隐之心，仁之端^④也；羞恶之心，义之端也；辞让之心，
礼之端也；是非之心，智之端也。

——《孟子·公孙丑上》

鱼，我所欲也；熊掌，亦我所欲也。二者不可兼得，舍鱼
而取熊掌者也。生，亦我所欲也；义，亦我所欲也。二者不可
得兼，舍生而取义者也。

——《孟子·告子上》

富贵不能淫，贫贱不能移，威武不能屈，此之谓大丈夫。

——《孟子·滕文公下》

仁言^⑤不如仁声^⑥之入人深也，善政不如善教之得民也。
善政民畏之，善教民爱之；善政得民财，善教得民心。

——《孟子·尽心上》

---

① 大乎：大于。
② 与：借同，跟别人一起。
③ 为善：行善，做好事。
④ 端：开始。
⑤ 仁言：仁德的言语。
⑥ 仁声：仁德的声望。

圣人也者,道之管①也。天下之道管是矣,百王之道一是矣,故《诗》《书》《礼》《乐》之归是矣。

——《荀子·儒效》

君子之学也,入乎耳,箸乎心,布乎四体,形乎动静。端②而言,蝡③而动,一可以为法则。小人之学也,入乎耳,出乎口;口耳之间,则四寸耳,曷足以美七尺之躯哉!古之学者为己,今之学者为人。君子之学也,以美其身;小人之学也,以为禽犊④。故不问而告谓之傲⑤,问一而告二谓之嘴⑥。傲,非也,嘴,非也;君子如向矣。"

——《荀子·劝学》

故君子不傲、不隐、不瞽,谨顺⑦其身⑧。

——《荀子·劝学》

故有俗人者,有俗儒者,有雅儒者⑨,有大儒者。不学问,无正义,以富利为隆,是俗人者也。逢衣浅带⑩,解果其冠⑪,

---

① 管:枢纽;钥匙。
② 端:读为"喘",意为轻声的语言。
③ 蝡(ruǎn):微小的行动。
④ 禽犊:指可作赠送或玩弄之物。
⑤ 傲:作"躁"解,即急躁,浮躁之意。
⑥ 嘴:形容语言繁琐,啰嗦。
⑦ 顺:通"慎"。
⑧ 身:犹"人"。
⑨ 雅:正。
⑩ 逢:蓬松宽大。浅带:指宽阔的腰带。阔带子束衣服束得很浅,所以称"浅带"。
⑪ 解果(xiè luó):亦作"蟹蜾""蠡倮""蟹堁",高的意思。这两句是说他模仿儒者的穿戴。有人认为"解果"是平正的意思(见俞樾《古书疑义举例》卷七),可备一说。

略法先王而足乱世术；缪学杂举①，不知法后王而一制度，不知隆礼义而杀《诗》《书》②；其衣冠行伪已同于世俗矣③，然而不知恶者④；其言议谈说已无以异于墨子矣，然而明不能别；呼先王以欺愚者而求衣食焉，得委积足以掩其口，则扬扬如也；随其长子，事其便辟⑤，举其上客，傄然若终身之虏而不敢有他志⑥：是俗儒者也。法后王，一制度，隆礼义而杀《诗》《书》；其言行已有大法矣，然而明不能齐法教之所不及、闻见之所未至⑦，则知不能类也⑧；知之曰知之，不知曰不知，内不自以诬⑨，外不自以欺⑩，以是尊贤畏法而不敢怠傲：是雅儒者也。法先王⑪，统礼义，一制度，以浅持博⑫，以古持今，以一持万；苟仁义之类也，虽在鸟兽之中，若别白黑；倚物怪变⑬，所未尝闻也，所未尝见也，卒然起一方⑭，则举统类而应之，无所

---

① 缪（miù）：通"谬"。举：即上节"举事"之"举"。

② 杀（shài）：减少，降等。不知隆礼义而杀《诗》《书》：指不懂得把奉行礼义放在首位，把诵读《诗》《书》降到次要的地位。它与前面所说的"不能隆礼"而"顺《诗》《书》"则"不免为陋儒"的旨意相通。

③ 伪：通"为"。

④ 者：犹"之"。

⑤ 便辟（pián bì）：通"便嬖"，君主左右的宠信小臣。

⑥ 傄（huàn）：同"患"。傄然：提心吊胆的样子，形容"终身之虏"之"不敢"。

⑦ 齐：通"济"，补救。教：教令，诸侯的命令。闻见之所未至：视听没有达到的地方。

⑧ 则：即。知：通"智"。

⑨ 自以诬：即"以诬己"。

⑩ 外不自以欺：当作"外不以欺人"，涉上句而误，《韩诗外传》卷五第五章作"外不诬人"可证。

⑪ 法先王：有人以为是"法后王"之误，未必。

⑫ 浅、博：即前面所说的"多闻曰博，少闻曰浅。多见曰闲，少见曰陋"。

⑬ 倚：通"奇"。

⑭ 卒（cù）：通"猝"。

儇㤞①；张法而度之，则暗然若合符节②：是大儒者也。故人主用俗人，则万乘之国亡。用俗儒，则万乘之国存。用雅儒，则千乘之国安。用大儒，则百里之地久，而后三年，天下为一，诸侯为臣；用万乘之国，则举错而定③，一朝而伯④。

——《荀子·儒效》

圣人知心术之患，见蔽塞之祸，故无欲无恶，无始无终，无近无远，无博无浅，无古无今，兼陈万物而中县衡焉。⑤ 是故众异不得相蔽以乱其伦也⑥。

——《荀子·解蔽》

通书千篇以上，万卷以下，弘畅雅闲，审定文读⑦，而以教授为人师者，通人也⑧。杼其义旨⑨，损益其文句⑩，而以上书奏记，或兴论立说，结连篇章者，文人、鸿儒也。好学勤力，博闻强识，世间多有；著书表文⑪，论说古今，万不耐一⑫。

——《论衡·超奇》

故夫能说一经者为儒生，博览古今者为通人，采掇传书以

----

① 儇：通"疑"。㤞（zuò）：同"作"，惭作，惭愧，颜面变色。
② 暗（yǎn）：通"奄"，覆盖，相合。符节：古代出入门关时的凭证，用竹片做成，上书文字，剖而为二，双方各存一半，验证时两片合起来完全相符，才可通行。
③ 举错：通"举措"，采取措施。
④ 伯：通"白"，指名声显著（王念孙说）。
⑤ 县：同"悬"，挂。衡：秤，指标准。县衡：挂秤，指用一定的标准进行权衡。
⑥ 异：差异，即"万物异"之"异"，指偏于一端的对立面。伦：条理。
⑦ 读（dòu）：句读，断句。
⑧ 通人：这里专指读书多，但不会发挥运用的人。
⑨ 杼（shù）：通"抒"，发挥。
⑩ 损益：增加或减少。这里是灵活引用的意思。
⑪ 表：显露。这里是写出的意思。
⑫ 耐：通"能"。

上书奏记者为文人,能精思著文连结篇章者为鸿儒。故儒生过俗人,通人胜儒生,文人逾通人,鸿儒超文人。故夫鸿儒,所谓超而又超者也。以超之奇,退与儒生相料,文轩之比于散车[①],锦绣之方于缊袍也[②],其相过远矣。如与俗人相料,太山之巅堞[③],长狄之项跖[④],不足以喻。故夫丘山以土石为体,其有铜铁,山之奇也。铜铁既奇,或出金玉。然鸿儒,世之金玉也,奇而又奇矣。

——《论衡·超奇》

父子有亲,君臣有义,夫妇有别,长幼有序,朋友有信。右五教之目。尧舜使契为司徒,敬敷五教,即此是也,学者学此而已。

——《白鹿洞书院揭示》

明德者,人之所德乎天,而虚灵不昧,以具众理而应万事者也。但为气禀所拘,人欲所蔽,则有时而昏,然其本体之明则有未尝息者。故学者当因其所发而遂明之,以复其初也。

——《大学章句》

绌去"义利双行、王霸并用"之说,而从事于惩忿窒欲、迁善改过之事,粹然以醇儒之道自律,则岂独免于人道之祸,而其所以培壅本根,澄源正本,为异时发挥事业之地者,益光大而高明矣。

——《朱文公文集》卷三十六,《答陈同甫》之四

---

① 轩:古代供大夫以上乘坐的有围棚的车。文轩:装饰华丽的车子。
② 缊(yùn):新旧混合的丝绵。
③ 堞(dié):通"垤",小土山。这里指山脚。
④ 长狄:传说是古代一个长得高大的边远地区民族。

人生天地间，为人自当尽人道。学者所以为学，学为人而已，非有为也。

——《陆九渊集》卷三十五，《语录下》

须思量天之所以与我者是甚底？为复是要做人否？理会得这个明白，然后方可谓之学问。

——《陆九渊集》卷三十五，《语录下》

上是天，下是地，人居其间。须是做得人，方不枉。

——《陆九渊集》卷三十五，《语录下》

我无事时，只似一个全无知无能底人。及事至方出来，又却似个无所不知、无所不能之人。

激励奋迅，决破罗网，焚烧荆棘，荡夷汙泽。

——《陆九渊集》卷三十五，《语录下》

中国教育家小传

　　中国是文明古国,教育家灿若群星,他们传播了灿烂光辉的中国文化,丰富了中华民族的教育宝库,为中华民族的发展作出了历史贡献。从宏观上看,他们论证了如何"做人""教人",如何修身、齐家、治国、平天下,如何使教育为巩固政权服务。从微观方面看,他们探讨了学校教育、家庭教育和社会教育,深刻讨论了为人之道与修身之方,研究了教学原则和教学方法,形成了丰厚的独立的教育思想体系。因篇幅所限,本章只选择了最具代表性的教育家,对其突出的思想和个性作简短的介绍。

"学而不厌""诲人不倦"的孔子

孔子在总结自己的一生时说:"吾十有五而志于学,三十而立,四十而不惑,五十而知天命,六十而耳顺,七十而从心所欲不逾矩。"(《论语·为政》)虽然他曾谦虚地说:"学而不厌,诲人不倦,何有于我哉?"(《论语·述而》)但是,对于他的教育活动,当世及后人均给予高度评价。子贡就曾这样表达孔子在教育上的表现:"学不厌,智也;教不倦,仁也。仁且智,夫子既圣矣乎!"(《孟子·公孙丑上》)孔子有政治抱负,但成就孔子在中国历史上地位的是他的教育思想与教育活动,以至后世皇帝不断给他追加封号,最为著名的就是称孔子为"至圣先师""万世师表"。

一、"学而不厌"的孔子

孔子(前551—前479),字仲尼,鲁国陬邑(今山东曲阜)

人,先秦儒家学派的开创者。孔子先祖为宋国贵族,因受迫害而避难鲁国。《孔子家语》记载:孔子出生之前,已经有九个姐姐与一位兄长,但其兄长孟皮有足疾,先天残疾。孔子的父亲叔梁纥又求婚于育有三个女儿的颜姓人家。颜父在向女儿介绍叔梁纥时说,今有先王后裔,"其人身长十尺,武力绝伦,吾甚贪之。虽年长性严,不足为疑,三子孰能为之妻?"(《孔子家语·本姓解》)大女儿、二女儿没有反应,三女儿颜徵在"从父所制"。就这样,18 岁的颜徵在嫁给了 60 岁的叔梁纥。在结婚之前不见面的春秋时期,嫁到孔家的颜徵在发现叔梁纥已经相当"年大",因而经常一个人到尼丘山祈祷。后生孔子,名丘,字仲尼。孔子 3 岁时父亲去世,生活在单亲家庭中;15 岁时母亲去世,成为孤儿。

出生在破落贵族家庭又幼年丧父的孔子,勤奋好学,"每事问"。在"学术官守""惟官有学"的时代,贫贱的孔子无法到专门为贵族子弟设立的学校中学习。但是,这不妨碍孔子对学习的向往。他在与学生交谈时说:"吾少也贱,故多能鄙事。"(《论语·子罕》)"少也贱"的孔子,通过做一些别人眼中的卑贱之事,让自己多才多艺。但是,孔子的学习,绝不限于"鄙事"上。对自己感兴趣的事,孔子都善于学习。没去过太庙的孔子,对见到之事几乎"每事问"。15 岁立下求学志向后,借助学术下移的机会,孔子努力学习从官府流传到民间的《诗》《书》《礼》等典籍。孔子学无常师,他曾求教于老子、蘧伯玉、晏平仲、老莱子、孟公绰、子产等当世学问家,问礼于老聃,学乐于苌弘,学琴于师襄。不仅如此,孔子还向所有有一技之长者学习。他说:"三人行,必有我师焉,择其善者而从之,其不善者而改之。"(《论语·述而》)他"敏而好学,不耻下问",以能问于不能,向不如自己的人学习。

孔子善于学习,总结出卓有成效的学习方法。首先是要立志。立志是确立志向，即为什么而学，是学习中带有价值取向的关键环节，主导整个学习活动。孔子说自己 15 岁时立下学习的志向。志向要大，他的志向就是恢复周礼、实现仁政，要重视人、尊重人，即"仁者爱人"。其次是态度要端正。知道就是知道，不知道就是不知道。他甚至认为，能够知道自己不知道的东西，才是智者的体现。在学习态度上，他反对凭空的揣摩、不加辨析的肯定、固执己见和唯我独尊，他认为这不仅是学习的大忌，也是做人的大忌。再次是要学与思相结合。学习是为了获取知识，是思考的前提。因为，没有通过学习获得的知识，思考就会失去对象，陷入罔思之中。但是，不加辨析的学习可能导致盲目遵从，失去自我。最后是要能付诸行动。学习与思考是为了解决实际问题，要落在实处。他甚至将通过学习所得付诸行动看做学习的一种境界，即所谓的"学而时习之，不亦悦乎？"（《论语·学而》）当然，对于作为教师的孔子来说，利用学习所得教育学生就是最大的行动。"爱之，能勿劳乎？忠焉，能勿诲乎？"（《论语·宪问》）既是孔子对自己学习的一种要求，也是对自己作为教师的一种激励。

二、"诲人不倦"的孔子

孔子不仅善于学习，而且善于教育学生。当他无法实现自己政治理想时，便将自己的时间与精力都投入到教育学生和整理典籍上。

首先，《诗》《书》《礼》《乐》。孔子向往"彬彬有礼""郁郁乎文哉"的西周社会，他期望能恢复周礼，实施仁政，对于西周以来的典籍尤为推崇。在孔子看来，学习《诗》可以抒发人的情感、培养人的兴趣，可以观察、使人和谐，对错误的事情表达哀怨。因此，教育学生从《诗》开始。他认为《诗》与《书》

中所载都是"雅言",《礼》是"雅言"的外现,《乐》可以释放人的情绪,实现内心和谐。这些都与人的生活联系在一起,应该成为教育内容。他甚至认为人若不学《诗》,就不能表达思想;不学《礼》,就不能立身;不学《乐》,就不能成为君子。因此,他说:"兴于诗,立于礼,成于乐。"(《论语·泰伯》)。为此,孔子晚年还专门"删诗书定礼乐",作为自己教育时的参考资料。

其次,有教无类。在教育还是稀缺资源的时代,绝大多数人都难以获得教育机会。孔子将自己所学,尽其所能为愿意求学者创造求学机会。他要"有教无类",即敞开大门,满足愿意求学者的愿望。他说:"自行束脩以上,吾未尝无诲焉。"(《论语·述而》)也就是说,只要主观上愿意上进的人,我都愿意教育他们。他还鼓励人们求师学习,并对年轻人充满期望。"后生可畏,焉知来者不如今也?"他甚至认为,一个人只要愿意学习,即使年过半百也没什么可怕的,"四十、五十而无闻焉,斯亦不足畏也已"。(《论语·子罕》)。正因如此,大批学生投到孔子门下。孔子的学生不仅来自多个诸侯国,而且在年龄、资历、兴趣、贫富、特点等方面存在巨大的差异。

再次,因材施教。由于孔子"有教无类",跟随孔子学习的人差异极大。就年龄而言,有与孔子相当的,也有比孔子年少四十岁者。面对这些差异巨大的学生,孔子实施的方法就是"因材施教"。因材施教的前提是对学生有充分了解,孔子通过"言""听""观""察""省"等方法,对自己的学生有深刻认识,并根据学生的特点实施不同内容与方法的教育,使每个学生的潜能得到充分释放。《史记》记载:孔子弟子三千,身通六艺者七十二人,正是孔子"因材施教"的结果。教学中的"因材施教",既是教育对象的客观要求,也是孔子尊重学生的一种体现。

又次，启发诱导。孔子主张"己所不欲，勿施于人"。（《论语·卫灵公》）孔子自己不愿意被强制灌输，自然也不愿把这种方式施诸学生。因此，启发诱导成为孔子在日常教学中经常采用的方法，以便学生能够举一反三。当然，启发诱导需要条件，只有学生经过积极努力，即只有在学生想知道却不能知道、想表达却表达不出的时候，启发诱导才能起作用。这需要状态，孔子善于营造学生积极思考的状态并及时给以启发。对此，孔子的学生颜渊有深切感受。他说："仰之弥高，钻之弥坚，瞻之在前，忽焉在后。夫子循循然善诱人，博我以文，约我以礼，欲罢不能，既竭吾才。如有所立卓尔。虽欲从之，末由也已。"（《论语·子罕》）通过这种方法，孔子让学生始终处于学习状态，并使学生的主观能动性得到充分发挥。

最后，教学相长。孔子教育学生，固然是为了促进学生的发展。但是，孔子教学的成果还不止于此。《论语》所载，多为孔子弟子向孔子求教的言论，然而，孔子从弟子身上也获得不少启发。其一，正是有众多弟子，为孔子了解学生提供了对象，让孔子体会到学生之间有差异，于是才有"因材施教"的做法。其二，在与弟子的接触中，孔子有了更多的体悟。如弟子宰予言行不一，使孔子意识到知人的方式不能停留在言说层面，于是有"始吾于人也，听其言而信其行；今吾于人也，听其言而观其行。于予与改是。"（《论语·公冶长》）其三，孔子"述而不作"，《论语》一书是孔子与其弟子对话的结果，由孔门子弟或再传弟子编辑而成。因此，如果没有这些弟子的努力，孔子的言行思想能否流传尚是疑问。通过教与学的相互影响和促进，孔子的学生得到了成长，孔子自己的认识也在不断提升。因此，《论语》可谓孔子教学相长的一个成果。

　　孔子以实际行动体现了一名教师应该具有的品质,奠定了他在中国教师史上的地位,成为后世教师的典范,不仅受到中国历代皇帝的赞誉,更受到诸多学者的钦佩,以至于宋代书法家米芾作《孔子赞》表达对孔子的敬仰:"孔子孔子,大哉孔子! 孔子以前,既无孔子;孔子以后,更无孔子。"

"得天下英才而教育之"的孟子

孟子曾说"君子有三乐",即"父母俱在,兄弟无故,一乐也;仰不愧于天,俯不怍于人,二乐也;得天下英才而教育之,三乐也。"(《孟子·尽心上》)第一乐为家庭之乐。看似平淡无奇,却是人世最朴素、最根本之乐,但很多人只有在亲人逝去后才体会到家庭之乐的重要。第二乐是做人之乐。人之为人,上无愧于天、下无愧于人,胸怀坦荡,刚正不阿。第三乐为做事之乐。承担君子应该承担的责任,在孟子看来,就是得到天下优秀的人才并教育他们。被后人誉为"亚圣"的孟子,将"得天下英才而教育之"作为其人生中的最大乐趣,致力于教育活动之中。

一、家庭之乐

孟子(约前372—前289),名轲,战国时期鲁国邹邑(今山东邹城)人。孟子将家庭之乐视为君子第一乐,可能与自己的人生经历尤其是幼时经历有密切关联。与孔子一样,孟子3岁时就失去父亲,家境贫寒,又是在母亲一手抚育下长大成人。孟母在孟子成长中扮演了重要角色。"孟母三迁"的故事能够说明孟母对孟子教育的重视。模仿是儿童的天性,但是,模仿对象不同,会对儿童产生不同影响。住在离墓地不远的孟子,耳濡目染,时间不长,即学会了祭拜的仪式,并经常与伙伴一起玩修造坟墓的游戏。对于一位希望子女上进的母亲,孟母选择了搬迁。住在集市附近,可以接触到更多的人与事,但兴趣又将孟子吸引到生猪屠宰与做生意的游戏中。在孟母看来，这依然不是适合儿童成长的环境。于是，又搬迁到学堂附近。家境贫寒的孟子没有上学资格，但好学的孟子不久便学会了一些礼节和知识。在母亲看来，这种环境，才是适合儿童成长的。这种环境选择，有利于孟子成长，也使孟子认识到环境对人的影响。

当然，孟母对孟子的教育绝不限于选择一个合适的环境。对孤儿寡母而言，生活窘迫是难免的。艰难的生存境遇不利于孩子成长，但若应用得法，又可能会转变成有巨大教育效果的机会。到了入学年龄的孟子，被母亲送到私塾就读。但是，孟子贪玩，时有逃学现象。孟母没有选择训斥、恐吓、打罚等带有体罚性质的措施，而是在一次孟子逃学时，将正在织布用的机杼扳折，先前织布的工夫白费了。对一个依靠织布维持生计的家庭而言，断机杼直接影响到生计。孟母以此告诉孟子，学习如同织布一样，如果不能持之以恒，半途而废，最后的结果就是一事无成。受此启发，孟子从此发奋读书，身体力行，践行圣贤的教诲，终成一代大儒。

孟子提出"性善论"的人性思想，固然与他善于学习前人思想有关，但是这种观点的形成与他自己的成长经历，尤其是母亲对他的教育不无关系。从记事起就没有受到父亲关爱的孟子，对完整家庭的融融之乐充满向往，应当是可以理解的。这可能也是孟子将家庭之乐作为君子第一乐的原因所在。

二、做人之乐

幼时的成长经历，使孟子认识到做人不易。但是，正是这种不易，才能体现出人之为人的价值所在。在孟子看来，人与禽兽的差异就在于人有人性。人性具体体现为恻隐之心、羞恶之心、辞让之心、是非之心，也就是仁义礼智。这种人性与生俱来，但是处于潜在状况，仅仅表现为一种趋向。在后天活动中，有人保持并扩充它，使人性不断光辉敞亮，成为真正的"人"；有人却丧失了这种与生俱来的善性，因而堕落为禽兽或匹夫。在孟子看来，做人当然取前者而非后者。

做人之乐的前提是让人成为人，也就是上文所讲的保留并扩充与生俱来的善性的人。这种人有脊梁、有自尊、有独立人格，不仅保留并且能够践行人与生俱来的善性。他说："生，我所欲也；义，亦我所欲也。二者不可得兼，舍生而取义者也。"（《孟子·告子上》）也就是说这样的人为了道义，可以不惜生命。这样的人充满仁爱，富于同情心，视人犹己，"老吾老，以及人之老；幼吾幼，以及人之幼。"《孟子·梁惠王上》这样的人为道义而生，为道义而死，正如《孟子·尽心上》所言："天下有道，以道殉身；天下无道，以身殉道。"只有这样的人，才可称之为君子，才可能体会到做人之乐。对于那种内心充斥不正当欲望，视人生如算计、视他人为工具，为了满足欲望不择手段者，是为不知耻，"人不可以无耻，无耻之耻，无耻矣"。（《孟子·尽心上》）孟子认为他们已经离人较远，是不会体会到做人之乐的。

为了提倡和践行做人之乐，孟子甚至给出一个具体的指标。他说："居天下之广居，立天下之正位，行天下之大道；得志，与民由之；不得志，独行其道。富贵不能淫，贫贱不能移，威武不能屈，此之谓大丈夫。"（《孟子·滕文公下》）意思是说，住在天下最宽广的住所里，站在天下最正确的位置上，践行着天下最光明的大道。得志的时候，与老百姓一同前进；不得志的时候，便独自坚持自己的原则。富贵不能使他骄奢淫逸，贫贱不能使他改移节操，威武不能使他屈服意志。这样人才叫做大丈夫。"大丈夫"顶天立地，正如他自己所言：

"仰不愧于天,俯不怍于人。"这样的人才能真正体会到做人之乐。

三、育英才之乐

人之为人,需要后天努力来实现,教育是让人成为人的一种实践活动。这一观点既来自孟子的成长经历以及观察,更来自孟子的好学善思。他曾说:"人之所以异于禽兽者几希;庶民去之,君子存之。"(《孟子·滕文公上》)所谓"几希",就是仁义礼智;除去"几希",名称为人,实为禽兽。教育就是保留并扩充人与生俱来的善性而让人成为人的活动,"人之有道也,饱食暖衣,逸居而无教,则近于禽兽。"也就是说,教育的目的就是让人成为人,成为君子。

人成为人不易,成为君子、"大丈夫"更不易,需要教育付出相当努力。孟子曾概要地说:"故天降大任于是人也,必先苦其心志,劳其筋骨,饿其体肤,空乏其身,行拂乱其所为,所以动心忍性,曾益其所不能。"(《孟子·告子下》)就是说,人要成为人、担负人应承担的责任,必须付出艰苦努力。做人要"养心",因为心是"天官",是成为"大人"的生理基础,"养心莫善于寡欲"。不可贪欲过甚,引人反感,而引火烧身,"夫人必自侮,然后人侮之"。

因为教育目的只有转化为求学者的求学目的才能真正起作用。从"性善论"出发,孟子提出"内铄式"的教育原则,即教育中必须充分发挥学习者个人的主观能动性。他说:"君子深造之以道,欲其自得之也。自得之,则居之安;居之安,则资之深;资之深,则取之左右逢其原。故君子欲其自得之也。"(《孟子·离娄》)学习过程,就是自求自得的过程,要有持之以恒的耐力,切不可自暴自弃,"自暴者,不可与有言也;自弃者,不可与有为也。"教育中,无论是教育者还是学习者,在遇到问题时,首先需要从自身找原因,即"反求诸己"。他说:"祸福无不自己求之者,君子不怨天,不尤人。"又说:"爱人不亲,反其仁;治人不治,反其智;礼人不答,反其敬;行有不得者皆反求诸己。"

作为培养人的人,教师首先要使自己成人。教师要有恻隐之心、羞恶之心、辞让之心、是非之心,并积极践行这些与生俱来的"善性",使其光明敞亮,才可能培养出富有"善性"的学生。这要求教师要对学生有仁爱之心,平等对待学生,尊重学生的人格。他说:"君子以仁存心,以礼存心。仁者爱人,有礼者敬人。爱人者人恒爱之,敬人者人恒敬之。"(《孟子·离娄下》)又说:"恭者不侮人,俭者不夺人。"教师对学生的爱必须建立在尊重学生的基础上,否则,可能成为反爱行为,对学生是一种灾难,对教育也是一种灾难,因为这种爱无法让人成为人。正如孟子所言:"食而弗爱,豕交之也。爱而不敬,兽畜之也。恭敬者,币之未将者也。恭敬而无实,君子不可虚拘。"(《孟子·尽心章句上》)

"贵师而重傅"的荀子

荀子在《荀子·大略》中说："国将兴，必贵师而重傅。"把对待教师的态度与国家兴衰成败联系在一起。这种表述可能与荀子的稷下学宫经历有关。荀子曾是稷下学宫最受尊敬的教师，培养出韩非、李斯等学生，并三次出任稷下学宫的负责人，当时称"祭酒"。荀子任职稷下学宫时，大批学者云集于此，他们设教讲学、著述立说、互相争鸣，是稷下学宫比较辉煌的时期，也是齐国国力强盛的时期。学术繁荣、国家强盛，因此荀子有上述表述，而且将教师的地位与"天地君亲"并列，他说："天地者，生之本也；先祖者，类之本也；君师者，治之本也。无天地恶生？无先祖恶出？无君师恶治？"（《荀子·礼论》）

荀子（约前313—前238），名况，字卿，战国后期赵国人，先秦思想的集大成者。荀子年轻时曾游学于稷下学宫。稷下学宫是齐王办理的兼有教育、学术与资政功能于一体的教育机构，由于齐王优待士人，吸引了大批学者。荀子曾长期在此讲学、著述。荀子所处的时代，因长期战乱，百姓流离失所，实现新的稳定统一的社会成为多数人的希望，荀子的思想和言论以及行为都带有服务建立一个统一国家的愿望，他的教育活动也服务于这一目标。

荀子认为，在诸侯纷争时期，孟子的"性善论"不仅理论上缺乏依据，而且现实中也软弱无力。在荀子看来，"性"就是一种原初的材质，没有任何人为因素的介入，"性者，本始材朴也。"（《荀子·礼论》）人性也如此，就是一种先天的材质并由材质产生的本能反应,包括两部分内容:一是饥而欲食、寒而欲暖、劳而欲息、趋利而避害的生理本能,二是眼可以看、耳可以听的感知、认识能力。因此,不论是圣贤者还是愚笨者,人人都有且相同。

荀子为什么会说"人之性恶"呢?这是因为,人的生理本能与感知、认识有向恶方向发展的倾向性。他说:"若夫目好色,耳好听,口好味,心好利,骨体肤理好愉佚,是皆生于人之情性者也;感而自然,不待事而后生之者。"这些自然而然、先天就有的本能,如果不加限制,就会产生恶。"今人之性,生而好利焉,顺是,故争夺生而辞让亡。"就是说,人的本能中没有理智与道德,如果任其发展就会走向暴力。因此,荀子的性恶论不是说人性本身是恶的,而是有向恶的方向发展的倾向性。

为避免人性向恶的方向发展,必须经过后天努力,即"伪"——人为。他说:"凡性者,天之就也,不可学,不可事。礼仪者,圣人之所生也,人之所学而能,所事而成者也。不可学,不可事,而在人者,谓之性;可学而能,可事而成之在人者,谓之伪。""伪"就是人为,泛指一切通过人为努力而使人去恶向善的变化。据此,荀子认为,孟子所谓的"性善",不是人"性"本身,而是"伪",是"性伪之合"。在荀子看来,性与伪就是材料与加工的关系:没有材料,就无法加工纹饰;没有加工纹饰,材料只能停留在原始材料的程度。只有材料与加工结合在一起——"性伪合",才能实现对人的改造,实现对社会的改造。因此,教育的作用就是"化性起伪",即通过后天努力使人性得以改变。

"化性起伪"的实现需要个人与教育、环境、政治之间形成合力。荀子说:"涂之人能为禹,未必然也。"禹是圣贤代表,人人成为像禹一样的人是一种可能。这种可能的实现必须有后天努力和环境的作用,否则,就会出现像"小人可以为君子而不肯为君子"的现象。荀子对个人努力与教育作用满怀乐观:"我欲贱而贵,愚而智,贫而富,可乎?曰:其唯学乎!……上为圣人,下为士君子,孰禁我哉!"即通过个人努力和教育,可以使人性发生变化。当然,这种变化需要条件,好的环境与政策是主要条件。所谓"蓬生麻中,不扶自直"。有什么样的环境,就会产生什么样的习性,"长迁于善",就能起到"不返其初"的效果。"政教习俗,相顺而后行",让个人努力、教育、环境与政治之间形成合力,人即使成不了禹,成为君子应当不会太难。正如他所言,"学恶乎始?恶乎终?……其义则始乎为士,终乎为圣人。"

作为儒家学者,荀子从其人性论基础和大一统的政治理想出发,主张培养能够推行礼法的"贤能之士"。荀子依据当时儒者的情况,将其划分为大儒、雅儒、俗儒三类。大儒不仅有广博知识,而且能以已知推知未知,能预测未来发展趋势,因而能自如应对未曾见过的新事物、新问题,能够治理好国家。雅儒熟悉已存典籍,能使自己的言行合乎礼仪规范要求,有自知之明而不自欺欺人,因而显得光明坦荡。俗儒仅仅披着儒者的外衣,死记硬背已存经典而不知如何去应用,只能以谄谀、巴结的形式为自己谋取好处,而不顾他人与社会。荀子的教育目的在于培养大儒而非雅儒或俗儒。他认为这样的人通过教育可以培养出来,"虽庶人之子孙也,积文学,正身行,能属于礼义,则归之卿相士大夫"。由于荀子持性恶论观点,教育中不仅注重诵经读礼,在方法上也注重"外铄"——规范。他认为儒家经书在这方面有着不可替代的作用。在他看来,《书》是政事之纪,《诗》为中声所止,《礼》为法之大分、类之纲纪。因此,《礼》不仅是教育内容,也是教育管理的措施。

正是因为《礼》重要，《礼》需师传，荀子要求尊礼贵师。他说："言而不称师，谓之畔；教而不称师；谓之倍。倍畔之人，明君不内，朝士大夫遇诸涂不与言。"在荀子看来，教师是礼的化身与代言人，作为学生，必须尊重教师，并有"学莫便乎近其人""学之经莫速乎好其人"（《荀子·劝学》）之议。当然，学生学习不是被动吸收、一味沿袭，而是要有"青出于蓝而胜于蓝"的志向，否则，"人皆可为禹"就失去可能。同样，作为教师，也要善于学习，心胸豁达，教师要"学问不厌，好士不倦"（《荀子·大略》）。如果教师不称职，不能践行礼并按礼的规范行事，则失去作教师的资格。这样的教师不仅不值得的尊重，而且还要予以抵制。他说："非我而当者，吾师也；是我而当者，吾友也；谄谀我者，吾贼也。故君子隆师而亲友，以致恶其贼。"（《荀子·修身》）

"简练于学，成熟于师"的王充

"夫人之不学，犹谷未成粟，米未为饭也。……学士简练于学，成熟于师，身之有益，犹谷成饭，食之生肌腴也。"在《论衡·量知》中，王充将未学之人比喻为没有磨成米的谷、没有做成饭的米，学习者要学问上下工夫，在教师的指导下逐渐成熟起来，才会变得对自己和社会有益，这就如同最终把谷物做成饭、吃了之后能长出丰腴的肉一样。如同《论衡》（意指论其是非、辨其真伪）一书的标题一样，王充以其具有鲜明的批评精神而不同于其前辈、同辈以及后辈，在中国教育史上具有显得尤为突出，被章太炎誉为"汉代一人"。

王充（25—约100），字仲仁，东汉会稽上虞（今浙江上虞）人，东汉时期著名哲学家和教育家。他出身于衰败中的农人兼商贩家庭。但是，这没有成为王充实现其求学志向的障碍。王充在《自纪》中说：充少"有巨人（大丈夫）之志，父未尝笞，母未尝非，闾里未尝让（谴责）"。在其他小孩热衷掩雀捕蝉等游戏时，王充却希望自己能成为大丈夫而有所作为。他6岁开始读书写字，8岁入学馆学习，能日诵千字。此后，居家研习儒家典籍。成年后，赴东都洛阳，入太学，访名儒，阅百家之书，眼界大开，学问大进。因太学受今文经学的影响，流行章句之学，传经注重家法师承，且盛行图谶迷信，不仅内容空虚，而且方法僵化，不肯固守师法家法、厌弃章句之学的王充，拜班彪等为师，学习被视为经世致用的"古文经学"。因无钱购书，王充经常到书肆读书。他记忆力强，过目不忘，竟然博通了"众流百家之言"。王充离开太学后，两次出任地方小官，却因为人耿直，不愿趋炎附势，最终辞职归家，一边教学，一边研究学问，将一生的大部分时间用于教学、思考与写作中。王充著作颇丰，流传至今的却只有《论衡》。

与当时流行和迷信的神学化的儒学不同，王充学百家之学，其观点与主流观点大为不同。他吸收道家学说，认为天地都是自然的实质实体，没有意志。人不能用自己的行动感动天，天也不能用自己的意志支配人。万物都是由"元气"构成的，人也一样，皇帝与百姓都由元气构成，没有本质差别。对于当时流行的人死后灵魂不死的说法，王充认为，灵魂就是精神，精神依赖于形体存在，并随形体的状态发生变化。身体强壮时，精神就饱满；身体有疾病时，精神就衰弱；人死了，精神也就消散了。这种主张与当时流行的观点形成鲜明对照，被正统的儒家学者视为异端而遭到排斥。王充不仅反对谶纬迷信，还反对迷信前人及其著作，他甚至写出了《问孔》《刺孟》等文章，对《论语》与《孟子》中的一些观点进行了质疑和批判，成为当时的惊世骇俗之举。不仅是在先秦，这种情况，在整个教育史上也是少见的。

王充之所以反对迷信，一则因为在他看来，前人观点中存在问题，需要对其批判；二则因为教育的作用太大，需要对教育保持敬畏，使教育成为教育。在王充看来，对于个人，教育可以让人性发生变化。他说："人之善恶，共一元气；气有多少，故性有贤愚。"就是说，人性的构成是一样的，都是"元气"；有人禀赋的元气多、纯，就趋善，有人禀赋的元气少、浊，就趋恶。但是，这种善与恶不是固定不变而是可以变化的。"人之性，善可变为恶，恶可变为善。"其中起关键作用的就是教育。而且，在王充看来，教育对人的作用还不止于此。教育还是让人成为人的一种活动。人生来"禀五常之性"，有心智能力,这是人区别并高明于其他事物的根本所在:"倮虫三百,人为之长;天地之性,人为贵。贵其识知也。"就是说,具有"识知"器官并能够"识知"万物,是人与动物的根本区别。如果人放弃了这些器官的作用,"闭暗脂塞,无所好欲",就与一般动物没有区别了。而"圣贤言行,竹帛所传,练人之心,聪人之知"。就是说圣贤的言论是辅助人成为人的重要载体,对于这种载体要重视,却不能迷信,因为圣贤也可能出现错误。一旦圣贤的言论出现错误,就会使人在成人的道路上走偏。教育对个人作用如此,对社会的作用也如此,因为社会是由个人构成的,"人有知学,则有力矣","有力"之人可构成"有力"的社会,"大才怀百家之言,故能治百族之乱"。

教育作用至大,接受教育的人却比较少;而且,受教育的人中,接受教育的程度也不同。面对现实,王充提出了不同的培养目标。首先是鸿儒,鸿儒能够著述立说,"静思著文,连结篇章",能够创造新知识,"兴论立说",为未来指明方向。其次是文人,文人知识渊博,能够融会贯通各种知识,能将所学知识付诸实施并能建议评判。第三是通人,通人掌握大量的书本知识,但难以将书本知识付诸实践。第四是儒生,儒生仅掌握儒家经书中的一种,随以教学为职责,却不博古也不通今。最后是文吏,虽然受过识字教育,却不知仁义之意,依靠权势入仕成吏。当然,对于王充而言,最好能让受教育者成为鸿儒,这样人要具有广博的知识,不是靠几本儒家典籍能够可以培养出来的,前人积淀的所有知识都需要学习。

对于学习,王充提出富有见地的观点。他从当时人迷信圣贤、迷信书本的现实出发,提出要将学习与见闻结合起来。以学习获得旧知识,以见闻获得新知识。不仅如此,学习还要与思考、行动结合起来。他认为圣贤之书也有很多谬误,这种谬误不仅对人的成长不利,而且对社会也不利。因此,学习必须与思考、实践结合起来。学习与思考结合，是对学习内容进行辨析，不可盲从；学习与实践结合，是通过实践检验所学知识是否正确，也就是王充所说的："事莫明于有效，莫定于有证。"

王充充满批判精神。他的批判精神集中体现在反对迷信、反对盲从上。在他看来，要获得真正的知识，必须打破迷信教师、迷信书本的心理。他说："学问之法，不唯无才，难于距师，核道实义，证定是非也。"（《论衡·问孔》）就是说，在学习过程中，学生容易形成迷信教师的心理，一旦这种情况出现，"是非"就被放到了一边，教育就背离了自己的本意。为了说明这一点，他专著《问孔》《刺孟》，对被视为"圣人"与"亚圣"的学问进行了辨析和质疑。在他看来这才是真正的治学态度，才是对前人的真正尊重。"追难孔子，何伤于义？""伐孔子之说，何逆于理？"为此，王充主张在教育教学过程中，师生之间要互相问难，培养良好的学习氛围，激发教者与学者积极思考，用他的话说，就是"师弟子相诃难"，"激而深切，触而箸明"。

"传道授业解惑"的韩愈

在《师说》一文中，韩愈畅言教师为何以及教师何为。他说："古之学者必有师。师者，所以传道授业解惑也。"这不仅是韩愈对教师工作性质的一个基本判定，也成为对教师的基本定位被后来者所推崇。韩愈之所以重视教师并专著《师说》一文，是鉴于当时社会不重道、不尊师的现实。在他看来，"道"在个人、家庭、社会中起着重要作用，教师是道的载体与践行者。但是，当时的现实却是："师道之不传也久矣！欲人之无惑也难矣！"正是有此认识与判断，韩愈发出尊师重道的倡议。韩愈三次出任唐代官学的博士官，积极践行他在《师说》中对教师的定位。

韩愈（768—824），字退之，唐河内河阳（今河南孟县）人，自号昌黎，世称韩昌黎，著名文学家和教育家。韩愈3岁丧父，由兄嫂抚养成人，虽然家贫却有读书经世的志向，刻苦好学。《新唐书·韩愈传》记载，他"日记数千百言。比长，尽能通六经、百家学"。与同时代的多数读书人一样，怀抱经世之志的韩愈，前半生竞奔在科举路上。20岁赴长安考进士，三次不中；25岁考中进士，却又三试博学鸿词科不中，被派到地方任职。因性格耿直且敢言，被调充四门博士。因学识高远、教学得法，36岁出任监察御史。因天旱人饥，上书请求减免赋税，被贬为阳山令。唐宪宗北归时，又转任国子博士。50岁后，因征讨吴元济有功，出任刑部侍郎；却因抵制迎佛骨，被贬为潮州刺史。短暂被贬后返回朝中，历任国子祭酒、兵部侍郎、礼部侍郎等职，属于中国古代教育史上官职较高的教育家。

韩愈好学，所学多为儒家典籍。加之他的叔父与兄长都有复古倾向，直接影响到韩愈复古思想的形成。他将恢复儒家道统作为学术与经世的目标。所谓道统，就是要宣传孔孟之道，行博爱之仁、恰宜之义，使"鳏寡孤独废疾者皆有所养"。他认为这是从三代以来传承不息的道统，他应该承担这种职责。

作为教师的韩愈重视教育和学习的作用。他认为人之为人以及导致人与人之间的差异的关键性因素就是教育。他在《符读书城南》的诗中说："人之能为人，由腹有诗书。"又说："诗书勤乃有，不勤腹空虚。欲知学之力，贤愚同一初。由其不能学，所入遂异间。"就是说，人生来大致相差不远，但是，随着年龄增长差异逐渐明显，有人可能扶摇直上，有人可能混迹江湖；有人贵为王侯，有人执鞭随蹬。在韩愈看来，导致这种结果出现的根本原因就是"学与不学"。但是，无论是教育还是学习，都需要有对象。在韩愈看来，教育和学习，都需以"修先王之道"为根本，以"读六艺之文"（即《诗》《书》《易》《礼》《春秋》《乐》）为途径。他反对学习佛教和道教内容，认为它们是社会祸乱的根源，不仅破坏了仁义道德，而且破坏纲常名教。因此，教育与学习对象，需要以儒家典籍为准。"读书以为学，缵言以为文，非以夸多而斗靡也。盖学所以为道，文所以为理耳。"

在如何学习儒家典籍方面，韩愈提出了诸多有见地的观点。首先是勤学。他说："诗书勤乃有，不勤腹空虚。"就是说，读书要勤，他还以自己的经历说道要利用一切时间读书，"口不绝吟于六艺之文，手不停披于百家之编"。在他看来，一切知识的获得都需以勤学为前提。其次是博学。他说："读书患不多。"除了六艺之文要读，其他书籍也要广泛阅读，

"穷究于经传史记、百家之说"。只有广泛阅读,才能开阔视野、扩大知识面。再次是积极思考。韩愈反对对六艺之文、百家之说食而不化,要将读书与思考结合起来,要"诵其文,则思其意",需目视、诵读、思考合一,才可能取得效果。最后是行动。学习的最终目的是付诸实施,践行既是对知识的应用,也是检验知识的途径。所谓"业精于勤荒于嬉,行成于思毁于随",就是要讲勤学、思考与行动结合起来并成为习惯。他在《赠别元十八协律六首》的第四首中讲道:"读书患不多,思义患不明。患足己不学,既学患不行。于今四美具,实大华亦荣。"他将读、思、学、行称之为学生应该具备的四种美。

韩愈从复兴儒学的立场出发,针对当时不重视儒家之道、不尊儒师的现实,专门写成《师说》一文,提倡尊师重道。他结合自己经历与学习所得指出:没有谁是生来就知,知识的获得是后天努力的结果。他认为:"人非生而知之者",并以大量事例指出"学者必有师"的事实。韩愈主张勤学、博学,但是,在以文献知识作为学习对象的唐代,没有教师的指导,阅读文献乃至认识文献中的字词句都有一定难度。因此,学习过程中需要教师参与其中。教师的主要职责就是"传道授业解惑"。所谓"传道",就是传播儒家的仁义指导,达到治国平天下的目的。所谓"授业",就是讲授儒家"六艺经传"和古文。所谓"解惑",就是解决在"传道""授业"中出现的疑难问题。在三者关系上,"传道"是根本,"授业"是渠道,"解惑"是方式。依据教师的职责,韩愈提出以"道"为求师的标准,要"学无常师"。他说:"道之所存,师之所存也。"就是说,道是根本,师是辅助;凡有道,就可成为教师。谁有道,就具备传道的条件,就可以成为教师,而不论年龄、贫富、贵贱。因此,学习应该无常师。在师生关系上,韩愈相当民主。他继承孔子"后生可畏,焉知来者不如今"的思想,提出

"弟子不必不如师,师不必贤于弟子"的观点。因为,在他看来"闻道有先后,术业有专攻",每个人都有自己的优势和特长,应该互相学习,共同进步,这才是为师之道。面对社会耻学于师的现实,韩愈认为是因教师没有起到应有职责的结果。因为大量仅知"习其句读"而不知"传道授业解惑"者在从事着教师的工作。这样的人,固然不会起到"传道"作用,更不会赢得他人的尊重。

"存天理,灭人欲"的朱熹

朱熹在《朱子语类》中说:"人之一心,天理存,则人欲亡;人欲胜,则天理灭,未有天理人欲夹杂者。"又说:"学者须是革尽人欲,复尽天理,方始是学。""圣人千言万语只是教人存天理,灭人欲。"作为理学集大成者,南宋最负盛名的教育家,朱熹长期执教,培养了大批人才,对书院发展以及教育思想的贡献颇多。

朱熹(1130—1200),字元晦,号晦庵,祖籍江西婺源,出生于福建南平,南宋时期的教育家、哲学家。朱熹出生于地主官僚家庭,自幼聪颖过人,从小接受良好教育。朱熹4岁时,一天父亲指着天空对他说:"这是天。"他接着问:"天的上面是什么东西?"让他的父亲很惊异。8岁时,朱熹在所读的《孝经》上写下"不若是,非人也"(不这样去做,就不能算是人)的字句。据传,处于儿童阶段的朱熹就开始画复杂的周易八卦图。14岁时,因父亲去世而生活窘迫,朱熹投靠父亲的友人刘子羽继续学习,18岁中举人,19岁中进士,步入仕途。但是,朱熹一生的大部分时间都在从事教育工作,长达40年之久,培养出大批人才。在教学过程中,朱熹以孔孟之道为根本,吸收并改造两宋时期形成的理学思想,终成理学思想的集大成者。

朱熹把人看作天地间万物之灵,重视人的主体价值。他继承并发扬了孔子的仁学和孟子的"民为贵"思想,每到一处做官,都体恤民情,修荒政、除蝗灾、兴水利、减杂税,做对老百姓有益的事。在教育过程中,他贯彻"存天理,灭人欲"的教育思想。朱熹认为人性就是"理","性者只是理,以其在人所禀,故谓之性"。"性者人之所受乎天者,其体则不过仁义礼智之理而已。"也就是说"性即理",是天赋的,具体内容就是儒家一直提倡的仁、义、礼、智。但是,为何会出现各种不同的人性呢?朱熹吸收张载、程颢的观点,把人性分为"天命之性"和"气质之性"。"天命之性"就是"理",是禀承天理而来,至纯至善;"气质之性"由"理"与"气"相较而成,因气有清浊之分,导致"气质之性"善恶并存。如果所禀之气为"清且纯者",就会出现"气与理一"的情况,表现为至善;如果所禀之气为混且浊者,则气与理不一,表现为恶。基于这种认识,他将教育的作用定位成"变化气质",发扬"气质之性"中的善而祛除其中的恶,也就是"存天理,灭人欲",由于天理与人欲是对立的,教育要帮助人"复尽天理,革尽人欲"。但是,朱熹所谓的人欲,不是指人的正常欲望,"饮食者,天理也;要求美味,人欲也。"也就是说"人欲中自有天理"。所以,"革尽人欲"不是革除人的一切欲望,而是革掉不正当、过分的欲望,或者说是贪欲。因为贪欲可以吞噬天理,使人禀赋的善性丧失殆尽。教育的作用就是要帮助人"去其气质之偏、物欲之蔽,以复其性、以尽人伦而后已焉"。也就是摆脱欲望对人的控制,将人从欲望中解放出来,使人不断趋于至善。

据此,朱熹认为教育是为人服务的。他对当时教授学生词章、帮助学生获得功名利禄的做法进行了批判。他认为,那种做法不仅反人性,而且是反传统的。"古昔圣贤所以教人为学之意,莫非使之讲明义理以修其身,然后推己及人。"但是,当时的学校却反其道而行之,"所以求于书,不越乎记诵、训诂、文辞之间,以钓名声、干利禄而言"。这种情况,在朱熹看来,无异于一种反教育行为,"忘本逐利,怀利去义",以至于"风俗日蔽,人材日衰"。

　　为了改变这种状况，朱熹将教育分为"小学"与"大学"两个阶段。"小学"阶段是 8—15 岁，是打基础阶段，培养"圣贤坯璞"。由于小学阶段儿童智识未开，应该学些力所能及的小事，诸如洒扫、应对、进退之节以及爱亲、敬长、隆师、亲友之道。当然，如果行有余力，礼乐射御书数之类也可以学。对于小学教育要及早进行，要儿童能够接受并喜欢方式进行，要养成良好的学习与生活习惯。大学教育从 15 岁开始，是在小学基础上的深化，要让学生知晓修身、齐家、治国、平天下的原因，能够为朝廷所用。与小学阶段侧重实际锻炼不同，大学教育要培养学生的自学能力的培养。"书用你自去读，道理用你自去究索，某只是做得个引路底人，做得个证明底人，有疑难处同商量而已。"（《朱子语类辑略》）

　　学生求学都需有一定的原则需要遵守。首先是立志，要立大志。他说，为学功夫，"专在人自立志"，要立做像尧舜那样人的志向，"学者大要立志，才学便要做圣人。"其次是居敬，即认真谨慎、专心致志。朱熹认为这是"圣门第一义，彻头彻尾，不可顷刻间断"，要做到"内无妄念""外无罔思"，因此，"居敬"是"存天理，灭人欲"的重要方式。在居敬的同时，还需"存心养性"，发扬善性。除了这些功夫之外，学习者还需经常反省自己，及早发现不良苗头；对于已经发生的不良念头与行为，要及时纠正。最后是力行，就是将自己的学习所得付诸实行。朱熹给力行以高度重视，认为这既是检验学习成效的一种方式，也是求知的一种方式，"学问岂以他求，不过欲明此理，而力行之耳"。

"顺导志意，调理性情"的王守仁

　　王守仁（1472—1528），是明中叶著名哲学家、教育家。他生活在明王朝由稳定转入衰落、动荡的年代，也是被奉为官方思想的程朱理学日益僵化的时期。王守仁继承和发扬了南宋哲学家、教育家陆九渊的哲学和教育思想，建立了与程朱理学相抗衡的"心学"哲学思想和教育体系，对中国封建社会后期以及近代教育思想均产生了重要影响。他的儿童教育思想，反映出他教育思想中的自然主义倾向，早在 15、16 世纪就提出这一思想，确实难能可贵，这也是他教育思想中最有价值的部分之一。

　　王守仁，字伯安，号阳明，浙江余姚人。死后谥"文成"，后世称王文成公。《明史·王守仁传》记载，王守仁 5 岁才说话，淘气不爱读书，喜欢玩游戏。成化十八年（1482），他 10 岁时，父亲高中状元，王阳明随父赴京。路过金山寺时，他父亲与朋友聚会，在酒宴上有人提议做诗咏金山寺，大家还在苦思冥想，王阳明已先一步完成："金山一点大如拳，打破维扬水底天。醉倚妙高台上月，玉箫吹彻洞龙眠。"四座无不惊叹，又让他做一首赋蔽月山房诗，王阳明随口诵出："山近月远觉月小，便道此山大于月。若人有眼大如天，还见山小月更阔。"这意思是看事物的角度不同，看出来的东西也不一样。到京师后，在京师念书时，他问塾师："何谓第一等事？"老师说："只有读书获取科举名第。"他却说："第一等事恐怕不是读书登第，应该是读书学做圣贤。"可见年轻时王守仁就有了远大的志向和抱负。

王守仁重视教育工作，曾建龙岗书院，主讲文明书院，修复濂溪书院及白鹿洞书院，还利用行政权发布告谕，制定乡约，开办社学，实施乡村教化工作。

王守仁继承和发挥了孟子"万物皆备于我"的思想，以为宇宙万物都靠"心"的感知和认知而存在；一切均在于心内，不在心外。教育的作用是"致良知"："致"即推及、恢复、实行和到达之义；"良知"本出于《孟子》，孟子的"性善论"决定"良知"为人们所"不学而能""不虑而知"的天赋道德意识。王守仁将孟子的思想加以发挥，在"良知"和"天理"之间划上等号。"致吾心良知之天理于事事物物，则事事物物皆得其理矣。"（《答顾东桥书》）人们只要除去私欲蒙蔽，依照"良知"做事，行为便自自然然合乎道德标准。只要在"良知""天理"或"心"上用功，必然"万理灿然"（《传习录》）。王守仁"致良知"的重要特征是"内求"，静坐澄心或自我体认。教育的作用不是扩充知识，而是"日减人欲"。在他看来，"减得一分人欲，便复得一分天理"。所以教育的作用就是通过"不假外求"的发明本心的方法，克服私欲，减少人欲。王守仁将教育目标定为教人学做圣人。

在中国传统教育中，儿童更多地被看成是"成人"，教育教学单调枯燥呆板，脱离儿童实际生活，更束缚儿童天性。王守仁批判这种儿童教育，认为儿童期是人生的特殊发展时期，是幼苗萌芽的时期，有很大的教育潜能。他针对当时的儿童教育提出了自己的教育主张。

一、"栽培涵养"的教育方法

他认为教育要根据儿童的年龄与心理特征进行，要符合儿童成长发展的规律，因势利导。儿童的性情总是"乐嬉游而惮拘检，如草木之始萌芽，舒畅之则条达，摧挠之则衰痿"。

从这个特点出发,"诱之歌诗以发其志意,导之习礼以肃其威仪,讽之读书以开其知觉",以诱导、启发、讽劝的方法,代替"督""责""罚"的方法,"必使其趋向鼓舞,中心喜悦,则其进自不能已,譬之时雨春风,沾被卉木,莫不萌动发越,自然日长月化",使儿童"乐习不倦,无暇及于邪僻"(《传习录》)。他注意到学习兴趣对儿童的重要作用,好的教育方法能使儿童感到鼓舞和喜悦,相反,不顾儿童学习兴趣的教学方法和内容,就会使儿童的身心受到伤害,正如冰霜会使花木凋谢枯萎一样。另外,王守仁安排的儿童每日功课表中也体现出这种顺应性情、适应天性的教育思想。"每日工夫,先考德,次背书诵书,次习礼,或做课仿,次复诵书,讲书,次歌诗。(《传习录中·教约》)上午儿童头脑清醒精力旺盛,安排在此时读书注意力较为集中,容易进入;午前习礼,在读书略有倦意之时的午前,起而习礼,周旋揖让的活动或习字、作文的过程之中还能收到舒展筋骨、激发思维的功效。而且习礼与课仿是间隔一日交叉进行,这是较为合理与科学的。中午休息之后,精力又显充沛,于是又由老师在儿童注意集中之时开始讲书,等其又显疲劳之后,最后一节课让儿童自行歌诗。另外,在教学方法上,也充分考虑到儿童的特点,采取"会歌""会礼"等方法,充分调动儿童兴趣和天性。王守仁充分地意识到各门学科的内容与性质和儿童的性情、兴趣、注意力等心理因素的相关性,主动地做到调动各种积极因素,使儿童"其进自不能已"。

二、因材施教,循序渐进

王守仁认为,人的个性不同,因而教育要根据学生个性差异,分别给予适当的引导,"圣贤教人如医用药,皆因病立方,酌其虚实温凉阴阳内外,而时时予以加减之,要在去病,初无固定说"(《传习录》)。一位好教师应根据学生不同素质、才能、智力发展水平等特点，采取不同的方法进行教学。他还提出"与人论学，亦须随人分限所及"。"分限"指的是儿童智力发展所达到的水平，教学要考虑儿童不断变化的生理和心理特点，"我辈致知，只是各随分限所及。今日良知见在如此，只随今日所知扩充到底；明日良知又有开悟，但从明日所知扩充到底。如此方是精一功夫"。人皆有良知，但资质不同，教导儿童如同种树，只能随其大小而适量浇水，否则不仅不能培养其成长，反而要浸坏它。因此他在指导儿童读书时，指出"凡授书，不在徒多，但贵精熟；量其资禀，能二百字者止可授以一百字，常使精神力量有余，则无厌苦之患，而有自得之美"。授书要量力而教，如果教授的内容超过学生的接受能力，不仅增加学生负担，还会使学生视学习为苦事，也会影响学生对知识的理解和掌握。

三、充分发挥各学科的教育作用

在教学内容的选择上，王守仁认为要克服只知教学童"句读课仿"的单调的教学内容，主张"歌诗""习礼""读书"相结合，发挥各学科多方面的教育功能，不但使他们增长知识，还要起到陶冶情操、培养道德意志的作用。

对于"歌诗"的教育作用，他说，诱导学童"歌诗"，不仅在于激发他们的意志和志向，还有利于儿童适度地表达感情，将儿童跳号呼啸等太过的感情表达转化成咏歌，将幽抑结滞的忧郁感情引向音律，起到调节儿童精神的作用。

对于"习礼"的教育作用，他说引导儿童学习礼仪，不仅是儿童能学习道德礼仪规范，养成礼貌习惯，还要通过"周旋揖让"的习礼动作，达到锻炼身体、强健体魄、有利于儿童身体发育的作用。

对于"读书"的教育作用,他说,教儿童读书,不仅为了开发智力,增长知识,还在于起到存养心性、增强道德意识和培养品德意志的作用。

王守仁讲学二十多年,门人弟子遍布各地,载入黄宗羲《明儒学案》中的有 67 人。王守仁死后,他的弟子们继承了他的讲学传统,立书院、开讲会,传播和发挥王守仁的学说,形成一种潮流。王守仁的儿童教育理论和见解,符合儿童心理的发展规律,对今天的教育实践仍有其借鉴价值,值得珍视和深入探讨。

"正言""正行""正教"的王夫之

　　"师弟子者以道相交而为人伦之一……故言必正言,行必正行,教必正教,相扶以正。"在《四书训义》中,王夫之如此界定师生应遵循之道及应所为之事,即教师的教与学生的学都需以"道"为中心,为了保证这一点能够实现,师生双方都以正言、正行、正教来规范自己。王夫之将这一点上升为基本的人伦之一,并要求教师"必恒其教事"。这既是他对自己的要求,也是他对其他教师与学生的期望。"六经责我开生面,七尺从天乞活埋。"生活在明末清初的王夫之,面对国破家亡的现实,积极践行他自己的诺言。

　　王夫之(1619—1692),字而农,号姜斋,湖南衡阳人。晚年隐居在石船山,被称为船山先生。王夫之出身于知识分子家庭,从小"颖悟过人",4岁入私塾,7岁读完了《十三经》,获得"神童"名号。10岁随父亲读《五经》经义,广泛阅读古代经史子集著作。14岁考中秀才,15岁参加武昌乡试未中,回县继续学习。16岁开始学习四声音韵之学,随后参加乡试又未考中。24岁时考中举人。但是,在农民起义与清军双重打击下,明王朝已病入膏肓,会试无从顾及,王夫之只好从中途折回湖南老家。不久,李自成进入北京城,随后清军占领北京。父兄和妻子相继去世,王夫之投入抗击清军的义军之中,终因寡不敌众,战败军溃,投奔南明永历小朝廷,却因权贵迫害,"退伏幽栖",开始教学授徒和学术研究工作,长达40年之久。因不肯屈服清政府的统治,被迫在条件极为艰苦的山野之中讲学,他与学生们"昼共食蕨,夜共燃藜"。就是在这种情况下,王夫之边教学边著述,留下 800 万言的著述,成为明清之际伟大的教育家和思想家。

王夫之从总结明王朝灭亡的教训中深刻认识到教育的作用。他提出教育是治国之本的主张。这种主张既来自他对历史的了解,更来自明王朝灭亡现实的呈现。他说:"王者之治天下,不外政教之二端。语其本末,则教本也,政末也。"他认为,二千余年的国家兴亡史,实际上就是政治与教育之间的关系史,这种关系处理得好,国家就安定富强;反之,就内忧外患接踵而来,亡国之日不远矣。论轻重,政治以"文教为本";论先后,则"政立而后教可施"。但是,明代是很重视教育的,何以国家积贫积弱呢?王夫之认为这是因为教育空疏无用所致,"理学"与"心学"盛行,而"新学"与"实学""信从者寡",致使学校虽存而培养出来的人多是无益于世的庸才废物。教育名存实亡,到了国家危亡之时,读书、做官之人却还在空谈心性,却不能扶危济难,结果锦绣河山让满清贵族垂手而得。明王朝灭亡,教育应该负有重大责任。在教育对人的作用上,王夫之认为教育可以更新人性。在他看来,人性不但不是固定不变的,而且还时时处在变化之中。他说:"性者,生也,日生而日成之也。"又说:"性者,生理也。日生则日成也。……故善来复而无难,未成可成,已成可革。"与以往的教育家不同,王夫之提出人性不是来自先天,而是在后天不断生长变化中形成的。从这种认识出发,王夫之提出教育在人的发展中的作用体现在两个方面:第一,继善成性,使之为善,即以善言、善行教育学生,使学生的善性不断积累;第二,改过迁善,改变学生因失教而产生的恶习。

从上述认识出发,王夫之对明代教育进行了深刻反省与批判。他认为,程朱理学的盛行,首先禁锢了读书人的聪明才智,"蚀其心思",进而抑制了整个民族的能力,陷入积贫积弱的恶性循环中。利用功名利禄,教育把学生"锢蔽于腐诗文中"不能自拔,追名逐利,鼠目寸光,造成恶劣的学风。为谋求富贵利禄,学习者终日揣摩八股空文,不务实事,麻木不仁,最终成为无心、无耳、无目、无口的俗儒和势利小人,祸国殃民。这些无耻之徒,在穷困之时,以教育禁锢他人子弟;显达时,以权势而误导国家。在王夫之看来,这些人、这种教育正是国家灭亡的根本原因。"师道贱,而教无术",以"教无术"之人教育出来的人充任国家权臣和各级政府官吏,是国家的巨大祸患,"贻祸无穷"。

在批判的基础上,王夫之提出国家教育的弊病的根源在于政治,因而提出如下建议:首先,国家教育权力应当掌握在"以公天下之心"的人手里,不能让利益集团掌控。学校是取舍人才的场所,而管理学校的大权旁落于阉党,势必"机变日增而材能日减"。其次,教育要学用结合,教育内容要彻底摆脱程朱陆王之学和八股时文牵制,回归到经世致用的轨道上来,通过实学教育培养出实用人才。最后,教育内容要文武并重,既教之以文,又教之以战。读书人既能作学者,又能事农工商。

鉴于明朝教育空疏引发国家灭亡的教训,王夫之以开《六经》为生面、"劝进学于来兹"为己任。他一边教学,一边著述,先后完成了《周易外传》《老子衍》《庄子通》《读四书大全说》《思问录》《张子正蒙注》《读通鉴论》等130多种、800多万字的著作。他的著作也就成了教育内容,如《礼记章句》《周易内传》《春秋家说》《四书训义》等见解独到的著作,都曾是他的讲义。对于以往教学资料,王夫之经过辨析、批判后再讲给学生,并将这种方法教给学生,不迷信和盲从前人,在批判中继承与发展,创立有生命力的新学说,服务于自己发展与他人学习，更服务国家的强大。王夫之总是以审慎的批判精神，经自己理解后再教给学生。他自己不迷信古人，而且还教导学生不要泥古，更不要死记前人章句。他认为各家学说要通过分析与比较，然后才有所鉴别。在教学过程中他经常为学生剖析学术源流，从而使学生明白各家学术要旨。他特别指出要辩明朱陆异同、儒佛道三家旨趣和心学的谬误，发扬传统文化中优秀的部分，扬弃糟粕的东西，要使学生在批判继承中去发展、创立新的学说，开创学术新局面。

王夫之给教育教学以高度重视。他视教育为"濯愚""启智"活动，对学生充满关爱，以自己的行动带动学生的行动。他说："施者不吝施，受者乐得其受。"又说："善教者必有善学者，而后其教之益大。"王夫之认识到学生之间有差异，他的教学方法因人而异，"君子之教因人而进之，有不齐之训焉"。方法不同，但目的一致，都在于经世致用。在教学程序上，王夫之将它分为五个阶段。第一阶段教授洒扫应对等小事，第二阶段教授洒扫应对之事理，第三阶段教授正心、诚意、修身、齐家、治国、平天下等大事，第四阶段教授正心、诚意、修身、齐家、治国、平天下等大理，第五阶段教授大小事理的综合与运用，能够辅助实践。

出于对教育作用的认识，王夫之认为教师责任重大，必须谨慎从事自己的工作。他认识到由于明王朝教师的不合格，引发教育的不合格，最终导致国家灭亡的悲剧。因此，他指出，"明人者先自明"，即教育他人的自己先要明白，否则是自欺欺人。他说："欲使人能悉知之，能决信之，能率行之，必昭昭然知其当然，知其所以然，由来不昧而条理不迷。"如教人者自己懵懵懂懂，不知大纲，不明大要，其结果只能让学习者愈学愈迷糊。当然，熟悉并深刻体会到空疏无用教育所引发的结果,王夫之指出,作为教师必须言正言,行正行,教正教。在他看来,实言、实行、实教才是教师应该教给学生的,即关于经世致用的实学,才是教师应该言、应该行、应该教的内容。而且,教师要坚持不懈地如此言、行、教,他说:"讲习君子,必恒其教事。"

原典选读

子曰:"若圣与仁,则吾岂敢? 抑为之不厌,诲人不倦,则可谓云尔已矣。"公西华①曰:"正唯弟子不能学也。"

——《论语·述而》

叶公②问孔子于子路,子路不对。子曰:"女奚不曰,其为人也,发愤忘食,乐以忘忧,不知老之将至云尔。"

——《论语·述而》

子曰:"爱之,能勿劳乎? 忠焉,能勿诲乎?"

——《论语·宪问》

子曰:"自行束脩③以上,吾未尝无诲焉。"

——《论语·述而》

孟子曰:"君子有三乐,而王天下不与存焉。父母俱存,兄弟无故④,一乐也;仰不愧于天,俯不怍⑤于人,二乐也;得天下英才而教育之,三乐也。君子有三乐,而王天下者不与存焉。"

——《孟子·尽心上》

孟子曰:"食⑥而弗爱,豕交之也。爱而不敬,兽畜之也。

---

① 公西华:字子华,鲁人,孔子弟子。
② 叶(shè)公:沈诸梁,字子高,楚国叶县的县长。楚君称王,县长便称公。即"叶公好龙"中的叶公,是楚国的贤人。
③ 束脩:脩是干肉,又叫脯。束脩就是十条干肉,古代用来初次见面的礼物。
④ 故:事故,指灾患病丧。
⑤ 怍(zuò):惭愧。
⑥ 食:动词,使之食,引申为奉养。

恭敬者,币①之未将者也。恭敬而无实,君子不可虚拘②。"

——《孟子·尽心上》

孟子曰:"君子之所以教者五:有如时雨化之者,有成德者,有达财③者,有答问者,有私淑艾④者。此五者,君子之所以教也。"

——《孟子·尽心上》

君子曰:学不可以已⑤。青,取之于蓝⑥,而青于蓝;冰,水为之,而寒于水。木直中绳,𫐓⑦以为轮,其曲中规,虽有槁暴⑧,不复挺者,𫐓使之然也。故木受绳则直,金就砺则利,君子博学而日参省乎己⑨,则知明而行无过矣。

——《荀子·劝学》

人之性恶,其善者伪⑩也。

今人之性,生而有好利焉,顺是,故争夺生而辞让亡焉;生而有疾恶⑪焉,顺是,故残贼生而忠信亡焉;生而有耳目之

---

① 币:指礼物。

② 虚拘:以虚假的礼仪笼络人。

③ 财:通"材"。

④ 淑:通"叔",拾取。艾(yì):同"刈",取。也就是说,淑、艾同义,"私淑艾"也就是"私淑",意为私下拾取,指不是直接作为学生,而是自己仰慕而私下自学的。这也就是所谓"私淑弟子"的意思。

⑤ 已:停止,终止。

⑥ 蓝:即蓼(liǎo)蓝,一年生草本植物,其叶经过发酵后可以提制深蓝色的有机染料靛蓝。

⑦ 𫐓(róu):通"煣",用微火熏烤木料使它弯曲。

⑧ 有:通"又"。槁(gǎo):通"熇",烤。暴(pù):古"曝"字,晒。

⑨ 参:检验。省(xǐng):考察。

⑩ 伪:人为、作为的意思。

⑪ 疾恶:憎恨。疾,通"嫉"。

欲,有好声色焉,顺是,故淫乱生而礼义文理亡焉。然则从人之性,顺人之情,必出于争夺,合于犯分乱理而归于暴。故必将有师法之化,礼义之道,然后出于辞让,合于文理,而归于治。用此观之,然则人之性恶明矣,其善者伪也。

——《荀子·性恶》

凡学问之法,不为①无才,难于距师②,核道实义,证定是非也。问难之道,非必对圣人及生时也;世之解说者,非必须圣人教告,乃敢言也。苟有不晓解之问,追③难孔子,何伤于义?诚有传圣业之知,伐孔子之说,何逆于理?谓问孔子之言,难其不解之文,世间弘才大知生④,能答问解难之人,必将贤吾世间难问之言是非⑤。

——《论衡·问孔》

自古明王圣帝,犹须勤学,况凡庶乎!此事篇于经史,吾亦不能郑重⑥,聊举近世切要,以启寤⑦汝耳。士大夫子弟,数岁已上,莫不被教,多者或至《礼》《传》,少者不失《诗》《论》。及至冠婚,体性稍定;因此天机⑧,倍须训诱。有志尚者,遂能

---

① 为:作"畏"解。
② 距师:距,通"拒",抗拒。指不一概听信老师,能独立思考,敢与老师问难辩论。
③ 追:追问。
④ 世间弘才大知生:才智广博的先生。
⑤ 必将贤吾世间难问之言是非:疑"世间""是非"皆衍文。大意是:一定会称赞我对问难的主张。
⑥ 郑重:频繁,继续重复。
⑦ 寤:通"悟"。
⑧ 天机:人的悟性。

磨砺，以就素业①；无履立②者，自兹堕慢，便为凡人。人生在世，会当有业：农民则计量耕稼，商贾则讨论货贿③，工巧则致精器用，伎艺则沈思法术，武夫则惯习弓马，文士则讲议经书。多见士大夫耻涉农商，差务工伎，射则不能穿札④，笔则才记姓名，饱食醉酒，忽忽无事，以此销日，以此终年。或因家世余绪⑤，得一阶半级⑥，便自为足，全忘修学；及有吉凶大事，议论得失，蒙然⑦张口，如坐云雾；公私宴集，谈古赋诗，塞默低头，欠伸而已。有识旁观，代其入地⑧。何惜数年勤学，长受一生愧辱哉！

——颜之推《勉学》

古之学者⑨必有师。师者，所以传道受业解惑也⑩。人非生而知之⑪者，孰能无惑？惑而不从师，其为惑也⑫，终不解矣。生乎吾前⑬，其闻⑭道也固先乎吾，吾从而师之⑮；生乎吾

---

① 素业：清素之业，指代讲议经书。

② 履立：操行树立。

③ 货贿：货，指代金玉；贿：指代布帛。货贿，财物。

④ 札：铠甲上的铁叶。

⑤ 家世余绪：世代仕宦之家保留的传统地位。

⑥ 得一阶半级：获得小官位和俸禄。

⑦ 蒙然：模糊不清。

⑧ 代其入地：替他感到羞愧，欲躲进地下。

⑨ 学者：求学的人。

⑩ 师者，所以传道受业解惑也：老师，是用来传授道理、交给学业、解释疑难问题的人。所以，用来……的。道，指儒家之道。受，通"授"，传授。业，泛指古代经、史、诸子之学及古文写作。惑，疑难问题。

⑪ 人非生而知之者：人不是生下来就懂得道理。之指知识和道理。《论语·述而》载："子曰：'我非生而知之者，好古敏以求之者也。'"

⑫ 其为惑也：他所存在的疑惑。

⑬ 生乎吾前：即生乎吾前者。乎：相当于"于"，与下文"先乎吾"的"乎"相同。

⑭ 闻：听见，引申为知道，懂得。

⑮ 从而师之：跟从（他），拜他为老师。

后,其闻道也亦先乎吾,吾从而师之。吾师道也[1],夫庸知其年之先后生于吾乎[2]? 是故[3]无[4]贵无贱,无长无少,道之所存,师之所存也[5]。

嗟乎! 师道[6]之不传也久矣! 欲人之无惑也难矣! 古之圣人,其出人[7]也远矣,犹且[8]从师而问焉;今之众人[9],其下[10]圣人也亦远矣,而耻学于师[11]。是故圣益圣,愚益愚[12]。圣人之所以为圣,愚人之所以为愚,其皆出于此乎? 爱其子,择师而教之;于其身[13]也,则耻师焉,惑矣[14]。彼童子之师[15],授之书而习其句读[16]者,非吾所谓传其道解其惑者也。句读之不

----

① 吾师道也:我(是向他)学习道理。师,用做动词。

② 夫庸知其年之先后生于吾乎:哪里需要知道他的生年是比我早还是比我晚呢? 庸,岂、难道。知,了解、知道。年:这里指生年。之,结构助词,无实义。

③ 是故:因此,所以。

④ 无:无论、不分。

⑤ 道之所存,师之所存也:道理存在的(地方),就是老师在的(地方)。意思是谁懂得道理,谁就是自己的老师。

⑥ 师道:从师的风尚。道,这里有风尚的意思。

⑦ 出人:超出一般人。

⑧ 犹且:尚且,还。

⑨ 众人:普通人,一般人。

⑩ 下:低于,不及。

⑪ 耻学于师:以从师学习为耻。

⑫ 是故圣益圣,愚益愚:因此圣人更加圣明,愚人更加愚昧。益,更加、越发。

⑬ 于其身:对于他自己。身,自身、自己。

⑭ 惑矣:(真是)糊涂啊!

⑮ 彼童子之师:那些教小孩子的(启蒙)老师。

⑯ 授之书而习其句读(dòu):教给他书,(帮助他)学习其中的文句。之,指童子。习,使……学习。其,指书。句读,也叫句逗,古人指文辞休止和停顿处。文辞意尽处为句,语意未尽而须停顿处为读(逗)。古代书籍上没有标点,老师教学童读书时要进行句读(逗)的教学。

知①，惑之不解，或师焉，或不焉②，小学而大遗③，吾未见其明也。巫医④乐师百工⑤之人，不耻相师⑥。士大夫之族⑦，曰师曰弟子云者⑧，则群聚而笑之。问之，则曰："彼与彼年相若⑨也，道相似也，位卑则足羞，官盛则近谀⑩。"呜呼！师道之不复⑪，可知矣。巫医乐师百工之人，君子⑫不齿⑬，今其智乃⑭反不能及，其可怪也欤⑮！

圣人无常师⑯。孔子师郯子⑰、苌弘⑱、师襄⑲、老聃⑳。郯

---

① 句读之不知：句读不明。与下文"惑之不解"结构相同。之，宾语前置标志。
② 或师焉，或不焉：有的（指"句读之不知"这样的小事）从师，有的（指"惑之不解"这样的大事）不从师。不，通"否"。
③ 小学而大遗：小的方面倒要学习，大的方面却放弃了。遗，丢弃，放弃。
④ 巫医：古代用祝祷、占卜等迷信方法或兼用药物医治疾病为业的人，连称为巫医。《逸周书·大聚》有关于"巫医"的记载，被视为一种低下的职业。
⑤ 百工：各种工匠。
⑥ 相师：拜别人为师。
⑦ 族：类。
⑧ 曰师曰弟子云者：称"老师"称"弟子"等等。云者，有"如此如此"的意味。
⑨ 年相若：年龄差不多。相若，相像，差不多。
⑩ 位卑则足羞，官盛则近谀：（以）地位低（的人为师），就感到羞耻；（以）官职高（的人为师），就近乎谄媚。足，可，够得上。盛，高，大。谀，阿谀、奉承。
⑪ 复：恢复。
⑫ 君子：古代"君子"有两层意思，一是指地位高的人，一是指品德高的人。这里为前一种意思，相当于士大夫。
⑬ 不齿：不屑与之同列，羞与为伍，意思是看不起。齿，并列、排列。
⑭ 乃：竟。
⑮ 其可怪也欤：真是奇怪啊。其，语气副词，表示反问。也欤，虚词连用，语气词，表示疑问或感叹，相当于"啊"。
⑯ 圣人无常师：圣人没有固定的老师。常，固定的。
⑰ 郯（tán）子：春秋时郯国（今山东郯城北）的国君，孔子曾向他请教过少暤（hào）氏（传说中古代帝王）时代的官职名称的由来。
⑱ 苌（cháng）弘：东周敬王时候的大夫，孔子曾向他请教古乐。
⑲ 师襄：春秋时鲁国的乐官，名襄，孔子曾向他学习弹琴。师，乐师。
⑳ 老聃（dān）：即老子，春秋时楚国人，思想家，道家学派创始人。孔子曾向他请教礼仪。

子之徒①，其贤不及孔子。孔子曰："三人行，则必有我师②。"是故弟子不必③不如师，师不必贤于弟子。闻道有先后，术业有专攻④，如是而已。

李氏子蟠⑤，年十七，好古文，六艺经传皆通习之⑥，不拘于时⑦，学于余。余嘉其能行古道⑧，作《师说》以贻⑨之。

——韩愈《师说》

当四海一王之世，虽尧、舜复起，不能育山陬海澨⑩之人材而使为君子。则假退处之先觉，以广教思，固其所尸祝而求者也。为君子者，又何愧焉？教行化美，不居可纪之功；造士成材，初无邀荣之志。身先作范，以远于饰文行干爵禄之恶习，相与悠然于富贵不淫、贫贱不诎之中。将使揣摩功利之俗学，愧悔而思附于青云。较彼抡才司训⑪之职官，以诗书悬利达之标，导人弋获⑫者，其于圣王淑世之大用，得失相差，不已远乎？

然则以书院为可毁，不得与琳宫梵宇之庄严而并峙；以

---

① 之徒：这些人。

② 三人行，则必有我师：出自《论语·述而》："子曰：'三人行，必有我师焉。择其善者而从之，其不善者而改之。'"

③ 不必：不一定。

④ 术业有专攻：学问和技艺上(各)自有(各的)专门研究。攻，学习、研究。

⑤ 李氏子蟠(pán)：李蟠，唐德宗贞元十九年(803年)进士。

⑥ 六艺经传(zhuàn)皆通习之：六艺的经文和传文都普遍学习了。六艺，指六经，即《诗》《书》《礼》《乐》《易》《春秋》六部儒家经典。《乐》已失传，此为古说。经，两汉及其以前的散文。传，注解经典的著作。通，普遍。

⑦ 不拘于时：指没有受到时代风气的影响，不以从师学习为耻。时，时俗，指当时士大夫中耻于从师的不良风气。于，被。

⑧ 余嘉其能行古道：赞许他能遵行古人从师学习的风尚。嘉：赞许，嘉奖。

⑨ 贻：赠送，赠予。

⑩ 山陬海澨：陬，角落；澨，水涯。

⑪ 抡才司训：选拔人才与负责训导。抡，选拔。

⑫ 弋获：射得，比喻贪取。

讲学为必禁,不得与丹灶刹竿之幻术^①而偕行;非妒贤病国之小人,谁忍为此戕贼仁义之峻法哉?宋分教于下,而道以大明,自真宗昉;视梁何胤^②钟山之教加隆焉,其功伟矣。考古今之时,推邹、鲁之始,达圣王之志,立后代之经,以摧佞舌,忧世者之责也,可弗详与?

——王夫之《宋论·真宗》

---

① 丹灶刹竿之幻术:指道士炼丹和佛寺旗幡的虚幻法术。
② 梁何胤:何胤,字子季,男超人,好学,师事刘献。在南齐官至国子祭酒,于郊外筑室,接待生徒,梁朝时隐居,教学不辍。

源远流长的学校教育制度

　　自有人类便有教育,可以说,教育的历史与人类的历史一样漫长。学校教育则是人类社会发展到一定阶段的产物,是狭义的专门的教育。据史料记载,我国早在殷商时期就已产生学校。西周时期,学校教育制度已经初具规模。我国源远流长的学校教育制度包括官学制度、私学制度和书院制度。

官学制度

在我国学校教育制度中,官学制度产生最早。它萌芽发端于奴隶社会,历经整个封建社会。

一、官学是如何产生的?

官学分为中央官学和地方官学。中央官学由国家举办,经费开支出自中央财政,学生待遇优厚。例如,"太学"作为汉代"中央官学"的主体,是国家的最高学府和全国学校的典范,其太学生享有免除徭役赋税的权利,无需缴纳学费;明代的"国子监"不但供给监生廪膳,并按季节发给衣服、被褥、冠履;每逢节令,必有赏给;而且,已婚者养其妻室儿女,未婚者赐钱婚聘;监生省亲回籍,赐衣、赐金作为川资。"地方官学"一般由各级地方政府举办,主要有府学、州学、县学等,但也多不收取学费。例如，明代的"地方官学"对廪生免除学费，并给予廪膳补助，只对"计划外"的增广生和附生收取很少学费。

中国古代的学校名称各异，有庠、序、校、学、塾、成均、明堂、辟雍、泮宫、灵台等。《孟子·滕文公上》记载："设为庠序学校以教之。庠者，养也；校者，教也；序者，射也。夏曰校，殷曰序，周曰庠；学者三代共之，皆所以明人伦也。"也就是说，我国古代的学校名称并不是"学校"。学校是有计划、有组织、有系统地进行教育教学活动的专门场所。那么，学校是在什么历史条件下才出现的呢？

学校产生的历史基础，是生产力的发展和奴隶制国家的形成。原始社会的教育是非形式化的，没有固定的校舍、教师等，虽有其平等的一面，但有很大的局限性。教育工作是附着在社会实践过程中进行的。随着生产斗争经验的积累，铜器、铁器代替石器而成为生产工具，农业和畜牧业代替采集和渔猎而成为主要的生产事业，从而使物质产品丰富了，除供人类消费之外，还有大量的剩余。部落酋长利用他们的特殊地位，特别是利用他们手中的武装力量，把这些剩余果实据为己有，在社会中逐渐形成了阶级，产生了奴隶制国家，无压迫、无剥削的社会不复存在。而统治者为了巩固政权，必须把一系列统治办法传给他们的后代，这就是古代学校产生的历史基础。

学校产生的客观条件，是体脑分工和专职教师的出现。为满统治者需要，特权者的子弟需要学习祭祀、军事统治以及生产、文化艺术、宗教方面的知识。如此繁多的知识，绝不是在统治者的实际生活中附带学习能够获得的，必须组织专门机构专司其事，任用专职人员负责，并使受教育者脱离其他事务而专心致志地学习钻研，才能顺利完成任务。生产力发展后，一部分人专事脑力劳动，体力劳动与脑力劳动分家，正是适应了这一需要，给学校的建立提供了前提。

文字的产生也起到了重要促进作用。从文化教育的角度看，还有一个因素和学习内容极有关系，那就是伴随社会发展而出现了文字。古代文字一般是图形文字，即照事物形象画出简单的图形，以为记忆之助；后来才出现象形文字、表音文字和表意文字，这样，文字就成为记载当时人类总结出来的文化知识经验的唯一工具。只有文字产生以后，才有可能建立起专门进行教育、组织教学的主要场所——学校，才会出现专门从事教育和根据文献资料传授知识的人——教师。可见，没有文字，教育只靠人们的口传身授，就不会有上述意义的学校。文字的产生和学校的出现是直接联系的。

二、官学的兴衰

官学制度是伴随着私有制的兴起与国家的形成而出现的，奴隶社会就已经初现雏形。据《孟子》记载，夏商周三朝已经建立起名称不同的学校。此处虽提到夏代的学校，但没有相关文物的证实。据相关文献记载，殷商时代的学校有大学、小学之分。这种记载已经得到甲骨文的印证："殷人养国老于右学，养庶老于左学。"（《礼记·王制》）右学就是大学，左学就是小学。大、小学分段进行说明当时的教育已经开始考虑受教育者年龄等因素的影响。大、小学主要存在于王都，在地方也有相应的学校。出于维护自己统治的需要，殷商的学校主要传授宗教和军事方面的内容，同时兼及读、写等内容。到西周时期，比较完善的学校教育体制已经建立起来，如将有关的记载进行综合整理，可简约地看出西周学制系统。西周的学校分为国学与乡学两大系统。国学设在王都，分为大学和小学；乡学置于地方，设置于诸侯都城的称为

泮宫。国学、乡学、泮宫都以"六艺"（礼、乐、射、御、书、数）为
基本教学内容，内容深浅则不同。

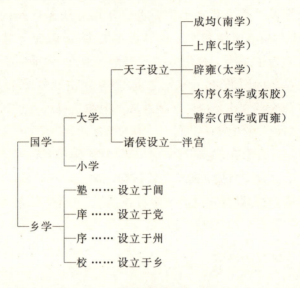

西周学制系统

秦朝一统天下后，为了加强中央集权，采取严厉措施禁止私学。秦朝采取以吏为师的制度，恢复奴隶社会时期"官师合一"的做法，"故明主之国无书简之文，以法为教；无先王之语，以吏为师"（《韩非子·五蠹》），官学制度无从发展。直到汉代，经过初年的"休养生息"，至汉武帝时期，社会生产力有了明显提高，为教育的发展创造了一定的物质条件。汉王朝为了进一步加强中央集权，提高管理水平，以巩固和推进封建社会的发展，急需发展学校教育。董

汉代太学画像砖：儒学讲经图

仲舒总结了历史的经验教训,提出了三大文教政策的建议,
因此而成为中国历史上有影响的政治家和教育家。他是孟
子之后的儒家忠实信徒,以"三年不窥园"的精神,专攻《春秋
公羊传》,为学者们所敬重。他以三篇对策取得第一,被推为
群儒之首。这三大文教政策的主要内容包括:罢黜百家、独
尊儒术,实现思想的统一;兴太学,行教化而美习俗;重选举
以选用贤才。董仲舒的这三大建议应该说适应了当时政治、
经济、文化教育发展的需要,促进了汉代思想的统一和文化
教育的发展,结束了春秋战国以来的百家争鸣的现象,并对
中国整个封建社会思想和文化教育产生了深远的影响。班
固说:"推明孔氏,抑黜百家,立学校之官,州郡举茂才孝廉,
皆自仲舒发之。"(《汉书·董仲舒传》)至此,官学制度才获得
新的发展。

汉代在中央和地方都设有官学,中央官学有太学、鸿都
门学和宫邸学。

汉武帝于公元前 124 年设立太学,发展到东汉鼎盛时期
规模已达 3 万余人,其中的老师被称为博士,学生被称为博
士弟子。作为国家管理的重要机构,太学的设立也是"罢黜
百家、独尊儒术"的统治宗旨于文教方面的体现,因此,其教
授内容必然指向儒家经典。汉代教学因经书各有所传,其说
各异,形成各种流派。为了统一五经异同,西汉宣帝时曾召
集太学博士和名儒在石渠阁论定《五经》,东汉章帝亦领衔率
博士名儒在白虎观论经数月,最后由班固总结归纳成太学统
一教材《白虎通义》。后来,太学学生为争考试名第,行贿改
动,经人举报,灵帝下令由蔡邕等人审定今文《五经》及《公羊
传》《论语》,并刻于石碑,竖于太学。这就是汉代法定和恒定
的教材——"熹平石经"。太学教学方式较为灵活,其组织形
式和方法大体有三种:一是集会讲经;二是学生自行研习,教

师点拨；三是讨论辩难，疑义相析。为了激励学生向学并且考核学生学习成果，太学还建立起一套比较完善的考试制度。

汉代太学是中国教育史上第一所有完备规制、史实详尽可考的学校。自始创至清末，历代最高学府多被泛称为太学。其影响之深，可以推知。

鸿都门学由东汉灵帝创办，因设在都城的鸿都门而闻名。不同于太学以研修儒家经典为主，鸿都门学主攻文学与艺术，这与汉灵帝个人爱好诗文有着极大的关系。其中的学生主要由官员举荐，规模大时达千人之多。另外，汉代的地方官学也相当发达。据载，汉代最早兴办地方教育事业的，首推汉景帝时的蜀太守文翁，他对创建汉代地方官学有倡导之功。他发展地方教育事业所采取的措施有两条：一是通过节省地方政府行政开支及筹集经费，送地方官吏去京师进修培训，"受业弟子"学成后或为官或教学；一是在成都修建学宫，"招下县子弟以为学官弟子"。王莽秉政时，将建立地方学校体系作为恢复古制的一系列措施之一。在他的倡导下，平帝元始三年（公元3年）颁布了地方官学系统：郡国曰学，县道邑侯国曰校。校、学置经师一人。乡曰庠，聚曰序。序、庠置《孝经》师一人。汉代官学，在封建官学初创阶段，虽然系统不够完备，但为后代学校制度的发展奠定了初步的基础。

魏晋南北朝时期，政局动荡、战乱频繁，官学制度的发展受到严重影响，官学体制并无进步，多沿用汉代遗风。曹魏建立初期，采取严格考试制度等措施使荒废的太学初步得到恢复，并使太学教育与文职官员的选拔结合起来。西晋继承曹魏兴修太学的成果，在中央设立国子学，专门招收贵族子弟，太学一度繁荣，人数多时达到七千多人。东晋在中央官学制度方面延续了西晋的做法,但因中央力量薄弱,各地方官学差别较大。南朝刘宋时期设置儒学馆、玄学馆、史学馆和文学馆,按照专业招收学生,宋明帝时设置总明观;梁朝武帝时在中央设立五馆、国子学、集雅馆、士林馆、律学等;而陈朝国学则起伏不定,总体趋向衰败。北朝的中央官学有北魏的太学、中书学(国子学)、皇宗学,北齐的国子寺,北周的太学、麟趾学(文学教育)、露门学(小学性质的教育)等。除了中央官学之外,北朝还设置了大量的专门学校,有律学、书学、算学等等,涉及人文、自然等不同学科。北朝的地方官学也较前期有所发展,北魏、北齐、北周三朝均在地方设立学校。"衣儒者之服,挟先王之道,开黉舍,延学徒者比肩;励从师之志,守专门之业,辞亲戚甘勤苦者成市"(《北史·儒林传上序》)。魏孝文帝不但在州郡立学,而且在乡党也设有学校。从教学内容来看,此一时期教学以经学为主,受到玄学等思想的影响。总之,南北朝时期,受动荡政局的影响,官学兴废无常,但大体来说,北朝官学发展的状况好于南朝。

隋唐结束分裂局面,建立起统一的封建帝国。政治渐趋稳定,经济渐趋繁荣,这为两代官学制度的发展奠定了条件。隋朝在中央设立有国子学、太学、四门学、书学、律学、算学。除律学属大理寺管辖外,其余诸学均归国子寺管理。国子学是贵族学校;太学、四门学则指向一般平民,旨在选贤育能,以五经为学习内容;书学、算学、律学都是专门学校,造就专门人才。唐代官学在继承隋朝的基础上,有较大发展。唐代在中央设有国子学、太学、四门学、律学、书学、算学、崇玄学。除了这些专门的学校之外,中央还附设一些学校,由相应部门对口管理。东宫附设有崇文馆,门下省附设有弘文馆;太乐署、太医署、太卜署等分别招收学生,培养乐舞、医药、卜筮方面的人才;太史局附设天文学、历法、漏刻等专门学校培养相应人才。地方专门学校有府学、州学、县学；一些府州还设有医学校，培养服务地方的医学专门人才，"贞观三年，置医学，有医药博士及学生。开元元年，改医药博士为医学博士，诸州置助教"。（《旧唐书·百官志四下》）另外，唐代还有一类特殊学校，如门下省的弘文馆以详正图籍教授学生，东宫的崇文馆以经籍图书教授学生。以上二馆是行政、研究、教学兼而有之，与一般学校不尽相同。总之，多种形式办学，是唐代官学的一大特点。

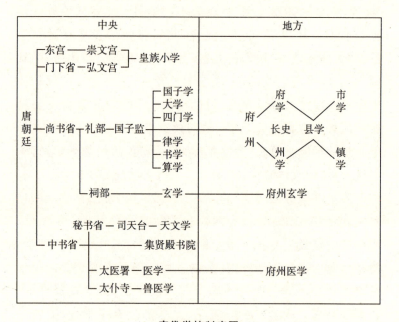

唐代学校制度图

宋朝的中央官学和地方官学在沿袭唐朝制度的同时，又有所创新。在中央官学方面，综合性质的有国子学、太学、四门学、广文馆等，但国子学同时兼有学校管理职能，并实行太学三舍法（所谓太学三舍法，是指将太学分为上舍、内舍和外舍三部分。学生入学时，一律编入外舍。然后，根据学生的表现及考核状况逐次升入内舍和上舍。)等新的教学方法与评价体制。四门学和广文馆是为考生参加科举考试而成立的预备学校。专门性质的有书学、律学、算学,同时又增加了武学和画学,专业分科较之唐朝更为细化。除上述综合和专门学校之外,宋朝统治者为提高自身素质,维护自己的统治,还专门为皇室子孙设立贵族学校,如资善堂、宗学等等。由于统治者的重视,宋朝的地方官学取得了较大发展。前期的几位皇帝都注重发展地方官学,采取赐予土地等方式促进地方官学的发展。庆历兴学和熙宁兴学进一步促进了宋朝地方官学的发展,规模空前兴盛。直至南宋孝宗之后,地方官学由于战争等的影响趋于衰败。宋朝地方官学大致分为两级,即在州、府、军、监设立的州学、府学、军学和监学,在县设立的县学。在所有的地方官学中,以州学和县学为多。宋朝地方官学在教学制度上有创新,引入了太学的三舍法,同时推广了教育家胡瑗的分斋教学制度。

元代的官学同样可以分为中央官学和地方官学。中央官学主要有国子学、蒙古国子学和回回国子学,国子学的设立主要是为了吸收先进的汉文化。学生来源比较广泛,涉及不同的民族,而以蒙古族为多。统治者加强对国子学的管理,实行积分等方法以督促学生学习。蒙古国子学主要是为了弘扬蒙古文化,培养蒙古人才,但在学生来源上并不仅仅限于蒙古族。"汉人私试,孟月试经疑一道,仲月试经义一道,季月试策问、表章、诏诰科一道。蒙古、色目人,孟、仲月各试明经一经,季月试策问一道。辞理俱优者为上等,准一分;理优辞平者为中等,准半分。每岁终,通计其年积分,至八分以上者升充高等生员,以四十名为额,内蒙古、色目各十名,汉人二十名。岁终试贡员不必备,惟取实才。有分同阙少者,以坐斋月日先后多少为定。其未及等,并虽及等无阙未补者,其年积分,并不为用,下年再行积算。"(《元史·选举志一》)另外,由于与西域各国交流的需要,元朝专门设置回回国子学学习波斯文字,造就外语方面的人才。回回国子学是早期的外语学校。除了上述专门的中央官学之外,元朝的一些中央机构如太史院等也设有学校以培养专门的人才。从学习内容来看,元朝的地方官学可以分为儒学以及科技、语言等专修学校。儒学学校主要是根据行政区划设立,在路、府、州、县等行政单位都设有相应的学校,其中以社学最有特色。元制 50 家为一社,每社设学校一所,择通晓经书者为教师,施引教化,农闲时令子弟入学,读《孝经》《小学》《大学》《论语》《孟子》,并以教劝农桑为主要任务。

明朝统治时间近三百年,其官学制度在继承前代的基础上,持续向前发展。明朝的官学也分为中央和地方两级。中央官学主要有国子监、宗学、武学等,明朝统治者在北京、南京分别设立国子监,规模宏大、环境优美,以四书五经为学习内容,并在教学方面强调实践,要求学生学习一段时间之后到各部门实习。宗学则是中央为皇族子弟所设立的贵族学校。除国子学和宗学之外,明代还在中央地方设有武学,教习武官、勋位子弟。明代的地方官学有科技、社学、儒学等类别,较为发达,不仅在各地方行政区、军队内设立学校,甚至在货物集散地以及边远地区都设有儒学。

清朝统治者入主中原之后,大兴文化教育事业,以维护自身的统治。"自明科举之法兴,而学校之教废矣。国学府学县学,徒有学校之名耳。考其学业,科举之法之外,无他业也。窥其志虑,求取科名之外,无他志也。其流弊至于经书可以不读,品行可以不修,廉耻可以不讲。"(《经世文续编·卷六五》)官学的种类较之前代更为丰富,主要有国子监、觉罗学、宗学、旗学、俄罗斯文馆等。国子监既是教育机构,也是管理机构。学生有贡生和监生两类,以研习四书五经为主。觉罗学和宗学都是为清朝贵族设立的学校,前者仅为觉罗贵族子弟设立。旗学主要是为旗人设立的,有八旗官学、景山官学等类别,分属不同机构管理。俄罗斯文馆开始是应俄国留学生之需而设立,演化为一所培养俄语人才的专门学校,后被撤销。清代地方官学主要是儒学,在府、州、县行政区划内设立相应的学校。儒学学习内容主要是四书五经,同时还要学习清朝律例、圣谕等方面的知识。

清代官学制度基本上沿袭明代,但在长期的发展过程中,也有自己的特点,主要有以下两点:第一,重视八旗子弟教育,广泛设立各种名目的旗学。第二,在府、州、县学中创立"六等黜陟法",对生员实行动态管理,使他们的升降与学业成绩紧密挂钩。此外,还设立俄罗斯文馆,重视俄语人才的培养,并在国子监实行分斋教学制度等。虽然清朝已步入封建社会的暮年,但在顺治、康熙、雍正、乾隆时期,学校教育还是得到了较大的发展,对人才培养和社会发展起到了积极作用。然而自嘉庆、道光之后,学校有名无实,封建教育逐渐为近代新式教育所取代,已成为历史发展的必然趋势。

私学制度

私学是与官学相对而言的一种民间办学形式。在一般意义上说，不由政府举办，而且也不纳入国家正规学校制度之内的教育教学活动都应属于私学的范畴。综观我国古代私学教育实践，所谓私学，包含三种具体含义：一是指私家学派。春秋末期至战国时期由孔孟显学发展成诸子百家，由"官守学术"演变为"百家争鸣"，确立了私家学派的地位。二是指私人聚徒讲学。先秦诸子大都从事私人讲学，打破了"学在官府"的局面，汉唐宋元明清均有大批经学大师从事私人讲学。三是指由私人创办或主持的学校。如汉代的书馆、精舍，宋代的书院和私塾等。私学在我国同样历史悠久，在教育发展史上占有重要位置，为我国文教乃至社会各项事业的发展做出重要贡献。

一、私学的产生与儒、墨显学

一定的办学形式，决定于一定的社会政治经济结构。在社会发展的不同阶段，由于生产资料的具体占有、分配、交换等的方式不同，使得一定社会的办学形式呈现出不同的性质。在夏商周三代时期，因生产资料国有，决定了该时期办学形式只存在官学，而无私学。中国私学的出现是私有制产生后随之出现的教育形式。它发端于春秋时期，战国时期获得初步发展。私学兴起的具体原因如下：

私学产生的经济基础。私学肇始于春秋时期，与春秋时期的社会经济发展水平密切相关。春秋时期，铁制农具和牛耕技术逐渐推广,水利灌溉逐渐发展,农业生产力有了很大的提高。土地私有制迅速蔓延,并产生了"私肥于公"的现象,直接推动了士阶层的崛起。可以说春秋战国时期的经济实力,不仅能养活一批从政的脑力劳动者,而且能养活一批不从政的脑力劳动者,即"不治而议论者"。

私学产生的政治原因。春秋之际是古代社会急剧动荡的时代,当时的政治斗争极其复杂激烈,各国统治者急需大批能够解决社会实际问题的人才,急需"贤人"辅政,士、农、工、商也大力鼓吹"尚贤"、"举贤"。然而之前的官学,是氏族贵族的专有品,根本无法适应这一形势。官学没落,有公卿大人甚至公开说"可以无学,无学不害。"(《左转·昭公十八年》)"尚贤"的时代要求,是私学兴起、处士横议、人才辈出的政治原因。

文化下移,学术繁荣,推动了私学的兴盛。政治权力下移是文化下移的前提。

春秋战国之际,各种特权由天子而诸侯而大夫而陪臣,逐步下移。文化学术的专利权,也突破贵族的樊篱,转移到民间。加之官学的废弛,文化典籍也散落到民间,由此导致"学在四野"的局面,民间学者从而获得了学术争鸣的自由。他们在批判继承传统文化、总结大变革时代新成果的基础上,创立了各种新学说,推动了私学的创办。

私学初创与孔、墨显学。春秋末期和战国中期,是私学的初创阶段,主要表现为孔、墨两大显学的崛起。在孔、墨之前,私学已经在各地出现,并形成了不同的学风,但是影响均不大,确切地说,没有形成私学大规模的发展态势。孔、墨两大学派产生以后,便成为支配当时学术思想的主流,所谓"世之显学,儒、墨也"(《韩非子·显学》),"孔墨弟子徒属,充满天下"(《吕氏春秋·有度》)。

在被称为显学的儒、墨私学中,以孔子所创立的儒家私学影响最大。孔子是私学的集大成者。"孔子以诗、书、礼、乐教弟子,盖三千焉,身通六艺者七十有二人"(《史记·孔子世家》)。孔子儒家私学的首创意义,可以概括为以下方面:孔子办学秉持"自行束脩以上,吾未尝无诲焉"(《论语·述而》)的"有教无类"的教育原则,扩大了教育对象;孔子为儒家私学编订了被后世称为"六经"(《诗》、《书》、《礼》、《乐》、《易》、《春秋》)的教材,为保存我国古代的传统文化作出了不可磨灭的贡献;孔门私学教育有方,因材施教、启发诱导、温故而知新、学思并重等教学原则与方法丰富多彩,收效卓著。

墨家的成就仅次于儒家。《墨子·公输》中,墨子自称有弟子三百人。墨家私学是一个有组织的团体,其纪律严明,弟子为义而战,故多数人皆可赴汤蹈火、死不旋踵。墨家代表"农与工肆之人"的利益,重视实用的科学知识技能的传授。虽然墨子之后,由于儒学地位逐渐的一统天下,科学技术一直未得到长足进步,一直是中国古代教育的一大遗憾,但是,墨子私学所创造的科技知识的教学内容、方法,开创了古代科技教育的先河。

二、稷下学宫:中国古代高等教育的典范

稷下学宫也称稷下之学,是战国时代齐国的一所著名学府。所谓"稷下",是一地址名,位于齐国都城临淄的稷门附近地区,今山东省淄博市。齐国国君齐桓公在此设立学宫,稷下学宫因此而得名。稷下学宫历史悠久,先后经历了齐桓公、齐威王、齐宣王、齐湣王、齐襄王、齐建王六代诸侯君王,长达150年。稷下学宫是一所什么性质的教育机构?它的特点、功能及影响意义何在?

首先,它作为特定历史条件下的产物,既不同于官学,也

不同于一般私学。可以说,它既弘扬了官学办学的优良传统,又汲取了私学的长处,独具特色。

官方举办、私家主持的办学形式。稷下学宫是由齐国官方出资筹办的,其目的是养士、用士。因此,从主办方和办学目的上看,稷下学宫是官学。但是,稷下学宫的基本组成、运行机制却凸显出明显的私学特点。各家学派聚集在此,教学与学术活动独立自主,官方不加干预。学宫的领导人通常是由深具名望的私家学者来担任,所以,稷下学宫是一所由官方举办、私家主持的特殊形式的学校。

兼容并包、来去自由的办学方针。稷下学宫的创办是齐国统治者出于"争天下者必先争人"的目的,它打破了各家各派的门户之见,不分国别、派别,只要有"治国之术'就加以引进,使其在稷下享有一席之地。儒家、道家、法家、阴阳家、名家等都云集到稷下授徒讲学、著书立说,官方不但不加干涉和限制,而且还公平公正地对待每一学派的观点。各个派别相互辩论斗争的同时，又能够自觉地相互吸收，不断走向融合。因而，此时出现了诸如荀子这样的博采众长的集大成者也就不足为奇了。

礼贤重士，稷下学者享有优厚待遇。齐国君主对稷下学者给予人格上足够的尊重，鼓励自由发表政治观点，经常倾听和采纳学者们关于治国的意见。学宫除设祭酒、博士、先生等学术职衔外，还以卿、上大夫等爵位授予学者，孟轲、荀况等都曾被尊为卿，邹衍等76人"皆赐列第，为上大夫"。另外，优渥的物质待遇也是齐君能够延揽人才的重要原因。稷下先生们在这里的府邸壮观，尊崇备至，很是诱人。

稷下学宫对来去自由的学生们实施民主管理。学宫允许学生自由选课，没有派别之壁垒，开阔了学生视野，丰富了学生的知识。稷下学宫制定了中国教育史上最早、也是世界上第一个寄宿学校的学生守则——《弟子职》，对学生的生活、修养、学习提出了全面的要求，从而保证了学生管理的规范性，使教学活动得以顺利进行。

郭沫若高度评价说："稷下之学的设置，在中国文化史上实在有划时代的意义……发展到能够以学术思想为自由研究的对象，这是社会的进步，不用说也就促进了学术思想的进步。""周秦诸子的盛况是在这儿形成的一个最高峰的。"（郭沫若《十批评书·稷下黄老学学派的批判》）稷下学宫的办学特色也可称为我国古代高等教育的典范，它对后世历代的学校教育产生了深远的影响。

私学兴革

秦王嬴政灭六国后，出于加强君主专制的需要，采取了严禁私学的政策。汉初，为让百姓休养生息，统治者采取道家策略，允许各家并存。统治者通过废止挟书律等开明的文教政策，使汉朝私学取得相当发展，这弥补了当时官学不足的弊病，满足了人民的教育愿望。汉武帝崇尚儒学，实行"罢黜百家、独尊儒术"。但是，统治者并没有禁止私人讲学。不同于官方讲授的今文经学，私人讲学则以古文经学为主。根据高低程度的不同，两汉的私学大致可以分为三种类型。一是蒙学性质的私学。此类私学通称为书馆或家馆，主要以识字和习字为旨归。二是专业基础性质的私学。此类机构通称为乡塾，是为巩固蒙学识字教育成果和进入更高学习阶段预先准备而设置的，学习内容为《孝经》《论语》等，对《易》《韩诗》《书》不作硬性规定。三是专经研习性质的私学。这种机构多称为精舍或精庐，执教者为名师大儒，多以研讨学问和治术为办学目的。私学的这三种类型，彼此间大致有一分工，第一类可看作教育的初级阶段，第二类相当于习经阶段，第三类具有专经阶段的某些特征。但它们之间彼此多不沟通，各行其是，并未形成严密的阶梯结构系统。

由于政治动乱，魏晋南北朝时期的官学出现衰落局面，这为私学的发展提供了契机。魏晋时期的私学继承了汉代的成绩，同时又具有自己的特色。不同于以往私学以儒家内容为主，该时期的私学传授内容开始多元化。由于儒学在应对时代问题上捉襟见肘，所以此时的私学在教学内容上，开始突破儒学占统治地位的官学教育传统，进而讲授玄学、佛学、道教和科技常识等。此外，魏晋时期的私学覆盖的范围更为广泛，甚至在偏远的酒泉、敦煌等地都设有私学，而且规模都较大，足见当时私学之盛。授业内容的多元化、覆盖范围的广泛性，这都是魏晋私学较之前代的发展。

南北朝私学得到进一步的发展：举办主体来源更为广泛，既有名家大儒、隐居之人，也有富豪贵族；从教学内容来看，较之前期更为广泛，医学也成为私学传授的内容；从私学覆盖的范围来看，也较魏晋时期有所发展，一些名师举办的私学常能吸引到学子不远万里前来；从私学形式上看，南北朝时期的家学得到发展，涌现了颜之推的《颜氏家训》等经典的家庭教育作品，"上智不教而成，下愚虽教无益，中庸之人，不教不知也"。（《颜氏家训·教子》）。此时的启蒙教育也取得重大突破，童蒙教育的经典读物《千字文》就在此时成书。此外，无论在南朝还是北朝，私学都受到当时流行的玄学的影响，只不过在两朝的影响程度不同而已。

清代私塾

　　隋文帝杨坚发布劝学诏令,鼓励和支持私学发展。唐代统治者继承了隋朝开放的私学的政策,继续鼓励私学发展。唐玄宗、中宗、睿宗等都曾发文支持和鼓励私学。政策的开明、经济的繁荣等因素都有利于私学的发展。因此,私学在隋唐两代获得较大发展。不同于该时期的官学,私学承担更多的基础教育和文化传承的任务。按照私学的程度,隋唐私学有初、高级之别。初级私学主要进行启蒙教育、传授日常生活基本常识。初级私学的形式主要有乡学、村学、私塾、家塾和家学等。乡学主要面向本乡学生。村学招收本村及邻村儿童入学,村学带有一定公益色彩。家塾则由家族举办,通常不对外招生。家学则由父母、兄长担任教师。初级私学除了教授学生《千字文》等启蒙教材外,教师还教授一些浅显的诗歌,这为唐朝诗歌的繁荣奠定了基础。高级私学则传授专门的经学知识和专业知识。教师大多来源于官员、学者等,传授内容广泛,除儒学外还涉及谱学、文学、科技医药等方面的内容,我国最早的临床医学百科全书《千金方》就是此时出现的。

　　宋元明清时的私学基本沿袭前代的模式,分为低级的蒙学教育和高级的经馆教育。

　　有人认为书院也是此一时期私学的重要形式,对于书院的内容我们将在之后专门进行讨论。此处谈论的主要指书院之外的四朝私学教育。蒙学主要致力于启蒙教育,还有私塾、乡学等不同的称呼。蒙学大多由个人创办,也有的是由家族创办。蒙学招收的对象主要以儿童为主,但是也有成年男子。在接受完蒙学教育后,有些学生会进入较高级的私学阶段,即经馆阶段。由于科举制度的存在,读书人要想做官,必须接受经学教育。这就在一定程度上促进了经学私学的发展。经馆主要以四书五经为教材,此外还学习文学、诗赋散文等内容。由此可见,经馆教学内容的设计受到科举制度的深刻影响。值得注意的是,在元清两代,不仅汉族私学教育发达,蒙古等族也注重私学的发展。民族地区私学的发展为传播民族文化发挥了重要作用。明代私学教学内容与教材最具特色。除"三(三字经)、百(百家姓)、千(千字文)"的畅销走红外,又流行杂字书。其编法有所创新,有分类词汇、分类韵语、分类杂言等,多连属成文,押韵通俗,针对性强。明代还推出了一批幼儿教育教材,如吕得胜、吕坤父子的《小儿语》《续小儿语》就曾多次刊印。

书院制度

书院是我国古代特有的一种教育组织形式。从唐代最初的藏书之所，历经千年之久，书院逐渐演变成为集藏书、教学与学术为一体的特殊教育场所，对中国文化的传承、学术思想的创新都发挥过很大的作用。中国古代三大学术思潮，宋代理学、明代心学、清代朴学都与书院关系密切。钱穆先生曾说："中国传统教育制度，最好的莫过于书院制度。"（钱穆《新亚遗铎》）但是，随着近代中国社会的转型，书院制度废止，其长期积累传承下来的教育经验以及所具有的精神一度淡出人们的视野。然而，伴随中国现代教育制度的建立，与现代大学精神有着一定契合的传统书院又引起人们的高度关注。

一、书院的产生

书院之名起源于唐朝，玄宗时设立丽正书院、集贤殿书院，此为书院名称的开始。然而，此时的书院是官府的图书机构，主要负责整理和修订书籍，并不是聚徒讲学、造就人才的地方。真正将书院作为聚徒讲学活动场所的是民间私学。随着雕版印刷技术的发展，民间藏书越来越丰富，为后来民间书院的兴起奠定了基础。此类书院早在唐代初年就已经存在。根据文献记载，唐代已经建立很多书院。唐初的光石山书院、瀛洲书院、李公书院、张说书院是早期的几所书院。这些书院主要是为个人读书服务的。不久之后，书院的服务范围就扩展至普通大众，开门授徒。此时的书院多以个人的名字命名,无论是名称还是组织形式都不很稳定。书院萌芽于唐末,但作为一种教育制度形成和兴盛于宋朝。

　　首先,唐朝自安史之乱以后,由盛而衰,形成藩镇割据的局面,严重危害了学校教育事业的发展,官学衰落,士人大量失学。于是,一些好学之士便在山林僻静之地,建屋把酒吟诗、藏书校书、读书讲学、聚徒讲学、切磋学术。其次,书院的出现是对我国源远流长的私人讲学传统的继承与发扬。早在春秋时期,孔子首开私学,弟子三千,私学成为一种重要的教育组织形式。秦朝虽然禁止私学,但私学禁而不止。汉朝以后,私学一直与官学并行不悖,得到比较大的发展,遍设于全国各地,成为培养人才的另一条重要渠道。宋初提倡文治,推崇儒学,但国家一时又无力大量创办官学。北宋立国之初,一方面扩大科举名额,一方面利用唐代以来出现的书院,通过赐书、赐额、赐田、召见山长等方式进行扶持,使其替代官学教育之职或弥补官学教育之不足,像著名的白鹿洞书院、岳麓书院、应天府书院、嵩阳书院都曾得到朝廷赐书、赐匾额、赐学田和奖励办学者等不同形式的支持。这些支持无疑是促进宋初书院兴盛的直接动因之一。第三,佛教禅林制度的影响。佛教出于避世遁俗、潜心修行的宗旨,多选择环境僻静优美的山林建立寺庙,五代及宋初的书院也大多建于山林名胜之中。佛教禅林集藏经、讲经、研经于一体,也对书院教学产生了明显的影响。如:书院的讲会制度就是借鉴了佛教僧讲和俗讲的讲经方式,书院教学的讲义和语录等形式,也是来源于佛教禅林制度。第四,书院的出现,是隋唐推行新的印刷技术使书籍大量流传于社会之后,中国士人围绕着书,包括藏书、校书、修书、著书、刻书、读书、教书等进行文化研究,积累、创造、传播等活动的必然结果。五代之际,在人称"天地闭,贤人隐"的离乱黑暗时代,书院仍在兵荒马乱之中汲汲于民族文化的传承，表现出强大的生命力。钱穆先生在其《五代时之书院》中，盛赞书院承前启后的文化功效。他说："五代虽黑暗，社会文化传统未绝，潜德幽光，尚属少见，宜乎不久而遂有宋世之复兴也。"

二、书院的兴废

五代时期，战乱的社会状态使得官学衰败，书院由此得到初步的发展。许多名师大儒隐居山林，利用自己丰富的藏书，设馆教学。一些后世著名的书院都创立于五代时期，比如应天书院、龙门书院等。此外还有窦氏书院、太乙书院、匡山书院、梧桐书院、华林书院、兴贤书院、云阳书院、东佳书院等。一些书院的创立还得到政府的重视，比如后唐皇帝李嗣源曾经表彰匡山书院，称赞匡山书院的创办者罗韬"积学渊源，莅官清谨"，并称赞书院使"民风日益"。这是最高统治者第一次发布对书院的奖励，官方的开明态度有助于五代时期书院的发展。但是，五代时期书院数量并不多，影响也比较有限。

在唐、五代发展的基础上，宋代迎来了书院的勃兴。五代战乱，官学遭受重创。宋朝建立之初，统治者尚没有精力发展官学。书院的发展满足了社会民众求学的需求，解决了统治者面临的切实社会问题。因此，宋初的统治者对书院发展采取鼓励的态度。此外，政局的逐步稳定有助于形成良好的读书风气。这一切促使书院在宋代得到巨大发展。较之前代，北宋书院覆盖的省区更为广泛，一些新建省份都设有书院。从南北区域来看，南方书院数量多于北方。北宋书院以宋仁宗、宋神宗两朝最多，书院数量在两朝之后有所下降。北宋著名的书院有白鹿洞书院、嵩阳书院、应天府书院、岳麓书院等。由于宋初官学不发达，书院在一定程度上替代了官学的地位与功能,教育功能得到彰显,宋初的大儒胡瑗等人都曾在书院讲学。随着政局的稳定,北宋统治者开始调整文教政策,大规模兴办官学,这突出表现在庆历、熙宁、崇宁三次兴学运动。三次兴学对于北宋书院的发展产生一定影响,较之宋初书院的发展,兴学之后的书院显得沉寂,不如宋初那般繁荣,但数量远多于宋初。一些著名的理学家如周敦颐等人都曾开办书院。书院到南宋发展到鼎盛。理学的发扬光大、官学积弊日显等因素都促成了南宋书院的兴盛。朱熹在 1179 年和 1194 年分别复兴白鹿洞书院和岳麓书院,此为南宋书院勃兴的开始。南宋书院的数量和规模都较北宋有大发展,书院制度正式确立。南宋理学兴盛,一些著名的理学家如朱熹、陆九渊、吕祖谦等都曾在书院讲授理学,书院由此成为理学传播的重要阵地。南宋书院讲学更为灵活,不但由书院主持人讲,而且还邀请名人演讲,影响更大。南宋时期的书院数量更多、规模更大、地位更高、影响更为广泛,可以与官学相抗衡,在一些地方的发展甚至超过官学。

为了加速汉化的进程,元代统治者入主中原之后,实行尊孔崇儒的文教政策。基于此种政策的需要,统治者采取保

护和鼓励书院发展的策略。政府不但鼓励民间修建、修复书院，而且直接参与书院的创建和修复工作，这使元代书院的数量在南宋的基础上又有很大发展。南宋的书院大多集中于江南地区，元代书院分布区域更为广泛。元代时候，北方广大地区也建立了大批书院。同南宋书院一样，元代书院也以讲授理学为主，由于分布广泛，书院促进了理学在北方的发展。在鼓励和扶持书院发展的同时，政府也加大了对书院的控制，书院呈现出官学化的特色，这突出表现在政府对书院经费和山长的控制上。政府为书院提供学田，使之享受和官学同等的待遇，对经费困难的书院提供资金支持。不仅如此，政府对书院的私有财产也加大了管理力度。元代书院的山长通常由政府任命，即使未经政府任命的山长也必须获得政府的认可。此外，在整个元朝，书院创办的手续较为繁琐，政府通过这种手段加强对书院的控制，这种官学化的倾向严重影响了书院自主办学的传统。

元末战乱频繁，一些书院毁于战火。至明朝统一，统治者注重发展文教事业以维护统治，大力发展各级官学和科举制度，很多书院被纳入官学的轨道，使得明初的书院发展受到严重影响。然而，官学在发展过程中暴露出越来越多的弊端。为了克服这些弊端，恢复和振兴书院的呼声越来越强烈。在元末明初战火中沉寂的白鹿洞书院和岳麓书院相继得到恢复，政府也主持重建了一批新的书院，并使书院突破上层社会的界限，开始走向平民。为纠程朱理学之弊病，以王阳明为代表的王学迅速兴起。王阳明及其门人通过书院传播其思想，极大推动了明朝书院的发展，并将讲会制度固定为书院的形式，成为书院的一大特色。同时，明代书院的类型较之前代更为丰富，出现了一些带有军事性质、社团性质的新型书院。随着书院的普及，书院成为士子们批评朝政、臧否人物的地方。此时书院已经突破了传统教育文化的性质,开始涉及政治活动。比如,当时的东林书院就因参与政治活动,而引起统治者的不满。"学校之教,至元其弊极矣。上下之间,波颓风靡。学校虽设,名存实亡。兵变以来,人习战争,唯知干戈,莫知俎豆。朕惟治国以教化为先,教化以学校为本。京师虽有太学,而天下学校未兴。宜令郡县皆立学校,延师儒,授生徒,讲论圣道,使人日渐月化,以复先王之旧。"(《明史·选举志一》)因此,明末的统治者对书院采取了较为严厉的政策,甚至是禁毁政策。比如,嘉靖年间曾经两次毁坏书院,万历等朝也曾毁坏书院。东林书院因参与政治活动,也在天启年间被毁。

清初的统治者为了肃清晚明思想余响,对书院采取抑制的政策。待到政权趋于稳定之后,统治者对书院的政策才稍微放宽。同时,统治者还致力于建立官方的书院教育体系,从雍正朝开始,对书院采取鼓励发展的政策,书院得到普及。"由于官民两种力量的共同努力,书院进入前所未有的繁荣时期,创建兴复书院 5836 所,基本普及城乡。"(邓洪波《中国书院史》)清代的书院基本上同官学一样沦为科举的附庸,教学目标、内容、课程等都以科举为中心,教学内容都围绕八股文展开。但是,书院也尝试把科考与育人结合起来,这又使其与官学存在一些不同。在当时也存在特色明显的书院,比如黄宗羲的甬上证人书院,提倡经世务实之风,力图克服以往空疏的学风。在教学方式上,黄宗羲也鼓励学生独立思考,培养学生的个性。另外,颜元主持的漳南书院、阮元主持的一些书院都重视实习、实学,不同于普通的书院和以科举为中心的官学,对后代产生了重要影响。然而,清代书院在总体上是颓废的,不适应社会发展的要求,其最后被改制为学堂的命运也是理所当然。

三、书院的特质

从唐代建立到晚清改制,我国古代书院历经千年之久,它在长期的办学过程中形成了一套颇具中国传统特色的教育管理体制、教育教学思想和方法,尤其指出的是它蕴含着当代教育发展的精神内涵,值得深入探索。

在胡适看来,所谓"书院的精神",大致有三方面:代表时代精神;讲学与议政;自修与研究。而最后一点尤为重要,因其"与今日教育界所倡道尔顿制的精神相同"。(胡适《书院史略》,《东方杂志》,1924 年 21 期)历朝历代的书院都是引领当时学术风潮之地。

具体而论,书院的特质约略可归纳为:

一、从书院的建立、组织特点来看。书院虽是私家讲学之地,但它却离不开官方的认可、扶助,如皇帝钦赐匾额、经书或学田,因此书院不能与普通的私学混为一谈。注重藏书、读书。书院藏书的大发展应该说在宋代。北宋初期经过一段时间的休养生息,国力渐趋强盛,士子们有了就学读书的要求。而朝廷忙于武功,一时顾不上文教,更缺乏财力兴办足够多的学校满足各地士子的要求。因此,各地名儒、学者和地方官吏,纷纷兴建书院,以培育人才。比如,宋代四大书院之一的应天府书院,成立时就"建学舍百五十间,聚书千卷。"鹤山书院"堂之后为阁,家故有藏书,又得秘书之付而传录焉,与访寻于公私所板行者,凡得十万卷。"这个藏书量已超过了当时国家书库。书院机构很简单,专职管理人员比较少。书院只有一位明确的主持人,其名称因时因地而有不同,常见的有:洞主、洞正、山长、堂长、院长等。某些规模较大的书院,虽增设副讲、管干、典谒等职,但专职人员极为有限,往往由书院学生轮流分任。相较于官学,书院冗员极少，且有吸收学生参加管理的特点，或称"高足弟子代管制"。书院利用学规进行管理。学规也称为学约、学则、教约，与禅林清规颇为相似。学规大体包括三方面的内容：指出为学的方向；为学、修养和待人处事的准则、方法；规定犯过的惩治。最负盛名的学规有：朱熹《白鹿洞书院教条》和吕祖谦所订《丽泽书院学规》。

二、书院教学特色鲜明。自由讲学、研讨学术是书院的精髓所在。以南宋来说，岳麓书院本为湖湘学派张南轩的讲学基地，但他却广邀不同学派的学者到书院讲学，闽学派的朱子及永嘉学派的陈止斋等，都曾到书院讲学，并受到学生的欢迎。另外，朱子主持白鹿洞书院，甚至邀请论敌陆象山前往讲学，双方都显示出兼容并包的学术胸襟。书院传承中国教育注重自学的传统，基于书院丰富的藏书，其课程实际上也就是一份"读书目次"，即先读什么书、后读什么书，构成一套读书自学的系列或系统。书院对读书的要求不断得到强化，对读书的方法也十分的讲究，"课程"的特点富有弹性，便于因材施教。程端礼所订的《读书分年日程》即是这方面的楷模。讨论、论辩是书院采用的重要教学组织形式，在书院内部，质疑问难的论辩十分普遍，尤其重要的是这种讨论多是自发的、随机的和平等的，学生之间、师生之间时有论战，其激烈程度有时甚至有辱斯文。正是这种不求苟同的治学精神，才使书院培养出了一批有独立见解的人才。在书院外部，讲会制度更使论辩的风气发扬光大。

讲会制度是书院的一大亮点。"独学而无友，则孤陋而寡闻"，讲会就是给大家提供一个学习讨论的平台。简言之，就是书院与书院、精舍之间举行的学术论辩会。它往往事先约定时间、地点、宗旨、规约和论辩的主体，由书院师生共同参加，并吸引社会贤达到会。这一制度创始于南宋淳熙二年

（1175 年）在信州（今江西上饶）鹅湖寺举行的一次著名的辩论会，由吕祖谦发起，其意图是想调和朱熹和陆九渊两派争执。在中国哲学史上史称"鹅湖之会"，首开书院会讲之先河，其实质是客观唯心主义和主观唯心主义之争。

宋淳熙二年（1175 年）六月，吕祖谦为了调和朱熹"理学"和陆九渊"心学"之间的理论分歧，使两人的哲学观点"会归于一"，于是出面邀请陆九龄、陆九渊兄弟前来与朱熹见面。六月初，陆氏兄弟应约来到鹅湖寺，双方就各自的哲学观点展开了激烈的辩论，这就是著名的"鹅湖之会"。会议辩论的中心议题是"教人之法"。关于这一点，陆九渊门人朱亨道有一段较为详细的记载："鹅湖讲道，诚当今盛事。伯恭盖虑朱、陆议论犹有异同，欲会归于一，而定所适从。……论及教人，元晦之意，欲令人泛观博览而后归之约，二陆之意，欲先发明人之本心，而后使之博览。"（《陆九渊集》卷三六《年谱》）所谓"教人"之法，也就是认识论。在这个问题上，朱熹强调"格物致知"，认为格物就是穷尽事物之理，致知就是推致其知以至其极，并认为，"致知格物只是一事"，是认识的两个方面，主张多读书，多观察事物，根据经验，加以分析、综合与归纳，然后得出结论。陆氏兄弟则从"心即理"出发，认为格物就是体认本心，主张"发明本心"，心明则万事万物的道理自然贯通，不必多读书，也不必忙于考察外界事物，去此心之蔽，就可以通晓事理，所以尊德性、养心神是最重要的，反对多做读书穷理之工夫，以为读书不是成为至贤的必由之路。会上，双方各执已见，互不相让。此次"鹅湖之会"，双方争议了三天，陆氏兄弟略占上风，但最终结果却是不欢而散。如今，这座古寺也许是因为有这么一次重要会议，也许是因为朱熹住过，将其作为"书房"，作为教书育人之地，因而也叫做"鹅湖书院"。

　　三、书院的教育理念在于培养"传道而济斯民"的士君子。从我国古代书院发展的历程可以看出,各大书院创建的背景与目的不尽相同,各有差异,却都遵循了学问和德行并重的教育理念。朱子在《白鹿洞书院教条》中说:"古昔圣贤所以教人为学之意,莫非使之讲明义理,以修其身,然后推以及人。非徒欲其务记览,为词章,以钓声名、取利禄而已也"。他认为教人为学的目的不在于学到广博的知识和华彩词章以沽名钓誉,而是明白义理,修己治人,并据此订立为学、修身、处事、待物等方面的规程。这一学规成为后世学规的范本和办学准则,对之后的书院教育产生了很大的影响。如岳麓书院提出了"立言垂教,明伦修道"等办学宗旨。在岳麓书院中最值得关注的是乾隆年间书院掌教旷鲁之增订的六条箴规,计《言有教》《动有法》《昼有为》《宵有得》《息有养》《瞬有存》等六篇四言诗。此《六有箴》被刻石嵌于讲堂右壁,对于岳麓书院学生的道德品行和学识的培养产生了深远的影响。

原典选读

设为庠序学校以教之；庠者，养也，校者，教也，序者，射也①；夏曰校，殷曰序，周曰庠，学则三代共之：皆所以明人伦也。人伦明于上，小民亲于下。有王者起，必来取法，是为王者师也②。

——《孟子·滕文公上》

子适③卫，冉有④仆⑤。子曰："庶⑥矣哉！"冉有曰："既庶矣，又何加焉？"曰："富之。"曰："既富矣，又何加焉？"曰："教之。"

——《论语·子路》

故明主之国无书简之文⑦，以法为教；无先王之语⑧，以吏为师；无私剑之捍⑨，以斩首为勇。

——《韩非子·五蠹》

大学之道，在明明德，在亲民，在止于至善⑩。

——《大学》

---

① 庠、序、校：都用作乡里学校的名称，诸词亦见于《仪礼》《周礼》《礼记》《左传》等书。王念孙《广雅疏证》云："'庠'训为'养'，'序'训为'射'，皆是教导之名。"

② 为王师者：朱熹《集注》云："滕国褊小，虽行仁政，未必能兴王业；然为王者师，则虽不有天下，而其泽亦足以及天下矣。"

③ 适：往。

④ 冉有：字子有，鲁国人，孔子的弟子，有政治与军事才能。

⑤ 仆：驾车。

⑥ 庶：众，指人口众多。

⑦ 书简之文：简册记载的文献。

⑧ 先王之语言：儒墨称道先王的话。

⑨ 捍：借为"悍"，无私斗之悍，而以战场杀敌为勇。

⑩ 郑注："明明德，谓显明其至德"。亲民，朱熹作"新民"。止，必至；郑注："犹自处也。"

《春秋》大一统者①,天地之常经,古今之通谊也。今师异道,人异论,百家殊方,指意不同,是以上亡以持一统②,法制数变,下不知所守。臣愚以为诸不在六艺之科③孔子之术者,皆绝其道,勿使并进。邪僻之说灭息,然后统纪可一而法度可明,民知所从矣。

——《对贤良策》

吾见世间,无教而有爱,每不能然;饮食运为④,恣⑤其所欲;宜诫翻奖,应诃反笑;至有识知,谓法⑥当尔⑦。骄慢已习,方复制之,捶挞⑧至死而无威,忿怒日隆⑨而增怨,逮于成长,终为败德。孔子云"少成若天性,习惯如自然"是也。俗谚曰:"教妇初来,教儿婴孩。"诚哉斯语!

——《颜氏家训》

今天下之出入公门以挠官府之政者,生员也;倚势以武断于乡里者⑩,生员也;与胥史为缘⑪,甚有身自为胥史者,生员也;官府一拂其意,则群起而哄者,生员也;把持官府之阴事,而与之为市者,生员也。前者噪,后者和;前者奔,后者

---

① 《春秋》大一统者:《春秋》尊王,特别重视天下的一统,贬斥诸侯的自专。故纪年用周历。大,重视。

② 上亡以持一统:领导者不能掌握统一思想的标准。

③ 六艺之科:《诗》、《书》、《礼》、《易》、《乐》、《春秋》的科目。

④ 运为:行为。

⑤ 恣:放纵。

⑥ 法:道理。

⑦ 当尔:当,应当,当然;尔,这样。

⑧ 捶挞:鞭抽棍打。

⑨ 隆:盛。

⑩ 武断于乡里:谓依仗权势在乡里横行霸道。《史记·平准书》:"兼并豪党之徒,以武断于乡曲。"

⑪ 胥史:犹"胥吏"。官府中办理文书的小吏。

随;上之人欲治之而不可治也,欲锄之而不可锄也。小有所知,则曰是杀士也,坑儒也。百年以来,以此为大患,而一二识体能言之士,又皆身出于生员,而不敢显言其弊,故不能旷然一举而除之也。故曰:废天下之生员而官府之政清也。

天下之病民者有三:曰乡宦,曰生员,曰吏胥。是三者,法皆得以复其户①,而无杂泛之差,于是杂泛之差,乃尽归于小民。今之大县至有生员千人以上者,比比也。且如一县之地有十万顷,而生员之地五万,则民以五万而当十万之差矣;一县之地有十万顷,而生员之地九万,则民以一万而当十万之差矣。民地愈少,则诡寄愈多②,诡寄愈多,则民地愈少,而生员愈重。富者行关节以求为生员,而贫者相率而逃且死,故生员之于其邑人无秋毫之益,而有丘山之累。然而一切考试科举之费,犹皆派取之民,故病民之尤者,生员也。故曰:废天下之生员,而百姓之困苏也。

天下之患,莫大乎聚五方不相识之人,而教之使为朋党。生员之在天下,近或数百千里,远或万里,语言不同,姓名不通,而一登科第,则有所谓主考官者,谓之座师;有所谓同考官者,谓之房师;同榜之士,谓之同年;同年之子,谓之年侄;座师、房师之子,谓之世兄;座师、房师之谓我,谓之门生;而门生之所取中者,谓之门孙;门孙之谓其师之师,谓之太老师。朋比胶固,牢不可解。书牍交于道路,请托遍于官曹,其小者足以蠹政害民,而其大者,至于立党倾轧,取人主太阿之柄而颠倒之③,皆此之繇也④。故曰:废天下之生员,而门户之

---

① 复其户:免除其一家的徭役赋税。
② 诡寄:将自己的田地伪报在免税人的名下,以逃避田赋、差役,称为"诡寄"。
③ 太阿:古代宝剑名。相传春秋时,楚王命欧治子、干将所铸。太阿之柄喻权柄。
④ 繇:同"由"。

习除也。

国家之所以取生员而考之以经文、论、策、表、判者，欲其明六经之旨，通当世之务也。今以书坊所刻之义，谓之时文①，舍圣人之经典、先儒之注疏与前代之史不读，而读其所谓时文。时文之出，每科一变，五尺童子能诵数十篇而小变其文，即可以取功名，而钝者至白首而不得遇。老成之士，既以有用之岁月，销磨之场屋之中②；而少年捷得之者，又易视天下国家之事，以为人生之所以为功名者，惟此而已。故败坏天下之人材，而至于士不成士，官不成官，兵不成兵，将不成将，夫然后寇贼奸宄得而乘之③，敌国外侮得而胜之。苟以时文之功，用之于经史及当世之务，则必有聪明俊杰通达治体之士，起于其间矣。故曰：废天下之生员，而用世之材出也。

——《生员论》

父子有亲。君臣有义。夫妇有别。长幼有序。朋友有信。

右五教之目。尧舜使契为司徒。敬敷五教④。即此是也。学者，学此而已。而其所以学之之序。亦有五焉。其别如左。

博学之。审问之。慎思之。明辨之。笃行之。⑤

---

① 时文：明清时指科举考试的八股文。
② 场屋：即"科场"。考试士子的地方。
③ 奸宄(guǐ)：指为非作歹的人。
④ 五教：据《古文尚书·舜典》孔颖达正义云："一家之内尊卑之差，即父母兄弟子是也，教之义慈友恭孝，此事可常行，乃为五常耳。"《孟子·滕文公》上："契为司徒，教以人伦：父子有亲，君臣有义，夫妇有别，长幼有序，朋友有信。"朱熹本孟轲之说。
⑤ 博学之、审问之、慎思之、明辨之、笃行之：见《礼记·中庸》。

右为学之序。学问思辨，四者，所以穷理也。若夫笃行之事。则自修身以至于处事，接物，亦各有要。其别如左。

言忠信。行笃敬①。惩忿，窒欲②。迁善，改过③。

右修身之要。

正其谊，不谋其利。明其道，不计其功④。

右处事之要。

己所不欲，勿施于人⑤。行有不得，反求诸己⑥。

右接物之要。

熹窃观古昔圣贤所以教人为学之意，莫非使之讲明义理，以修其身，然后推以及人。非徒欲其务记览，为词章，以钓声名、取利禄而已也。今人之为学者，则既反是矣。然圣贤所以教人之法，具存于经。有志之士，固当熟读深思而问辨之。苟知其理之当然，而责其身以必然，则夫规矩禁防之具，岂待他人设之，而后有所持循哉。近世于学有规，其待学者为已浅矣。而其为法，又未必古人之意也。故今不复以施于此堂。而特取凡圣贤所以教人为学之大端，条列于右，而揭之楣间。诸君其相与讲明遵守，而责之于身焉。则夫思虑云为之际，其所以戒谨而恐惧者，必有严于彼者矣。其有不然，而或出于此言之所弃，则彼所为规者，必将取之，固不得而略也。诸君其亦念之哉！

——《白鹿洞书院揭示》

盖昔者圣人之扶人极、忧后世而述六经也，犹之富家者

---

① 言忠信、行笃敬：见《论语·卫灵公》。
② 惩忿，窒欲：《周易·损卦》："君子以惩忿窒欲。"惩戒愤懑，抑制情欲。
③ 迁善，改过：《周易·易卦》："君子以见善则迁，有过则改。"
④ 正其谊，不谋其利。明其道，不计其功：见《汉书·董仲舒传》。
⑤ 己所不欲，勿施于人：见《论语·卫灵公》。
⑥ 行有不得，反求诸己：见《孟子·离娄》上。

之父祖,虑其产业库藏之积,其子孙者或至于遗忘散失,卒困穷而无以自全也,而记籍其家之所有以贻之,使之世守其产业库藏之积而享用焉,以免于困穷之患。故六经者,吾心之记籍也;而六经之实,则具于吾心,犹之产业库藏之实积,种种色色,具存于其家;其记籍者,特名状数目而已。而世之学者,不知求六经之实于吾心,而徒考索于影响之间,牵制于文义之末,硁硁①然以为是六经矣;是犹富家之子孙,不务守视享用其产业库藏之实积,日遗忘散失,至于窭人②丐夫,而犹嚣嚣然指其记籍,曰:"斯吾产业库藏之积也!"何以异于是?

呜呼!六经之学,其不明于世,非一朝一夕之故矣。尚功利,崇邪说,是谓乱经;习训诂,传记诵,没溺于浅闻小见,以涂天下之耳目,是谓侮经;侈淫辞,竞诡辩,饰奸心盗行,逐世垄断,而犹自以为通经,是谓贼经。若是者,是并其所谓记籍者而割裂弃毁之矣,宁复知所以为尊经也乎?

越城③旧有稽山书院,在卧龙西岗,荒废久矣。郡守渭南南君大吉④,既敷政于民,则慨然悼末学之支离,将进之以圣贤之道,于是使山阴⑤令吴君瀛拓书院而一新之;又为尊经之阁于其后,曰:经正则庶民兴,庶民兴斯无邪慝矣。阁成,请予一言,以谂多士。予既不获辞,则为记之若是。呜呼!世之学者,得吾说而求诸其心焉,其亦庶乎知所以为尊经也矣。

---

① 硁硁:浅见固执的样子。
② 窭人:贫人。
③ 越城:原为越州治所,南宋绍兴元年改称绍兴。
④ 郡守渭南南君大吉:南大吉,字元善,号瑞泉,明陕西渭南人,正德进士,王守仁弟子,时为绍兴知府。以郡守称知府,系沿用旧称。
⑤ 山阴:县名,当时归属于绍兴府。治所在今绍兴。

被誉为中国第"五大发明"的科举制度

中国作为世界上历史最悠久的文明古国之一，在其发展历程中形成了若干套完整规范的文官选拔录用制度，如先秦时期的世袭制、两汉时期的察举制、魏晋南北朝时期的九品中正制以及隋唐宋元明清时期的科举制等。其中在全国范围设科考试、举士任官的制度科举制在中国封建社会中实行的时间最长，延续了一千三百年的历史。

考生来源与报考办法

　　科举制度始于隋炀帝大业二年（606 年）设置进士科，科举是分科选举的意思，是通过逐级考试的办法来选拔人才。其程序与现在的高考报考程序类似，包括报考、应考、录取三个阶段。

　　科举制以前，国家选拔人才极其注重门第出身，选士虽也有考试，但以选举为主，由地方官吏推荐，考选和任用之权完全掌握在地方上担任中正官的世族手中。科举制度实行以后大大改变了这种局面，尤其在唐代，科举考试允许读书人自由报考，不需要地方官吏的推荐。唐太宗、高宗年间（627—655）是科举制发展的极盛时期，形成了一套较为完备严谨的考选制度。唐代参加科举考试的考生主要有三个来源：一是"生徒"，是指由中央官学和州县官学出身的学生；二是"乡贡",是由州县考送的,不通过学校教育而在民间私学或自学成才的考生;三是"制举",是由皇帝下诏临时举行的,应考者被举荐或自举到京城长安参加策试,被录取者可立即授予官职。这其中"生徒"和"乡贡"被称为常科,参加人数众多,报考程序也较为复杂,"制举"不是常科,是对待"非常之才"的,偶尔举行,不占重要地位。我们通常所说的科举,主要指"乡贡",因为这个途径比较普遍、影响也较大,是布衣平民走向官场的一线出路。每年农历十一月,考生各自带上自己的"牒"(考生的家籍凭证,包括籍贯、父祖、年龄、相貌等身份材料)到其所在的州、县"投牒自举",即以书面形式提出申请,经严格筛选考试合格者再由州送尚书省参加省试。因每年这个时候考生们都随地方向京师进贡的粮税特产一道解赴朝廷,所以称他们为乡贡或贡士。考生向州、县投牒自进称为"求解""取解",预试获得第一名的称为"解元"或"解头"。

　　科举考试严格限制考生的家庭出身,唐代规定犯过法的人、州县衙门的役吏、工商业者等社会地位低下的人不得参加科举考试。到了宋代,虽然允许工商业者、"杂类"人等报考科举,但又在此前基础上规定,不孝不悌者、和尚道士归俗者没有资格参加科举。所谓不孝不悌,是指不遵守封建社会道德,如不孝顺父母,不遵从长幼有序之类。清代规定凡是家庭中三代之内有娼(妓女)、优(演员)、皂(役吏)、隶(奴隶)者,都属于家庭出身不清白,这些人的子孙后代及残疾人都被排斥在科举考试之外。佣人、看门人、轿夫、媒婆、剃头修脚者也都属于"身世不清"之列,也都没有参加科举考试的资格。

　　除了严格限制考生的出身外,科举考试还严格要求考生到籍贯所在地报考,我们现在的高考仍沿用这一制度。唐代初期曾要求考生在籍贯所在地报考,到唐代中后期已经允许考生在别地报考。大诗人白居易出生于郑州,籍贯是太原下邽,父亲死后移居洛阳,但白居易既没有回原籍太原考试,也没有在居住的洛阳考试,而是到宣州参加州县解试,又从宣州被解送到长安参加进士科考试。宋代时期,考虑到各省文化水平的差异性,府州解试竞争激烈程度不一,有些考生为了能到竞争相对较小的、录取率较高的地区应试,便冒充这些地区的籍贯,称为"冒籍"。因此,为便于考察考生的出身和道德品质,维护科举考试区域配额制度的公正性,一般要求考生在籍贯所在地报考,并对"冒籍"的考生予以严惩。如在明万历三年(1575年),朝廷曾制定相应的管理办法以防止冒籍,指出:有的考生利用有些地方人才少的机会,或冒充这些地方籍贯,或在两个不同的地方入学、报考,行为一经查出,不但考生自己要受到发回原籍的严惩,而且当地的官学教师和结保者也要一同治罪。代宗景泰四年(1453年),顺天府发现取中的举人中有 12 人是冒籍的,结果全部由锦衣卫逮捕后送至刑部问罪,终身不许再参加科举考试。

科举考试除了在家庭出身和本地籍贯两方面进行限制以外,绝大多数的人都可以自由报考,而且能终身应试,因此,对应举入仕的考生年龄一般不作严格限制,只要有持之以恒的毅力和勇气,从垂髫少年到耄耋老人都有资格参加考试,因而历代都不乏高龄考生和高龄考取的人。如唐昭宗光化四年(901 年)这一榜进士 26 人中,陈光问 69 岁、曹松 54 岁、王希羽 73 岁、刘象 70 岁、柯崇 64 岁、郑希颜 59 岁,昭宗同情他们长期参加科举,到如此大年龄才中举,就免除他们参加吏部铨选,破例直接授予他们官职,当时称他们为"五老榜"。

古代知识分子为获得跻身于上层社会的通行证,实现终身梦寐以求的入仕愿望,许多考生即使不第潦倒也始终不甘心放弃参加科举,以求谋得一官半职,光耀门楣,因此在中国古代科举史上,父子同时赴考、祖孙同年登第的情况也就屡见不鲜。清代乾隆年间曾多次特诏赐予年过七旬的下第举人,还下令秀才参加乡试年龄在 80 岁以上者可钦赐举人。广东一位名叫谢启祚的人,年已 98 岁,但却不愿接受皇帝的破格录取,自称科举是确立一个人名分的大事,坚持不懈就一定能及第,他坚持参加乾隆五十一年(1786 年)的乡试。不知是他考试发挥特别出色,还是主考官有意满足他的愿望,这次考试他果真考上了举人。出榜后,谢启祚把自己中举比作老处女出嫁,悲喜交加的复杂心情在他的一首《老女出嫁》的诗中表露无遗:

> 行年九十八,出嫁不胜羞。
>
> 照镜花生靥,持梳雪满头。

自知真处女,人号老风流。

寄语青春女,休夸早好逑。

中举后的第二年,谢启祚又进京参加会试,乾隆皇帝特地恩赐了他国子监司业的官衔。乾隆五十五年(1790 年),在皇帝过 80 大寿的时候,谢启祚又托福晋升为鸿胪卿,他活到将近 120 岁。

在科举考试的报考限制中,有一条不成文的规定,即不允许女性参加考试,这主要是因为君主时代官僚体系中除少量宫官外不设置女性官员。以选官为目的的科举自然不会让女性参加。唐代女诗人鱼玄机曾慨叹自己生为女儿,空有满腹才情,却无法与须眉男子一争高下,写下"自恨罗衣掩诗句,举头空羡榜中名"的诗句。

此外,科举制度的影响力还蔓延到东亚和西方一些国家,日本、朝鲜、越南等国都曾效仿中国实行科举制度,不少西方国家也借鉴科举制度建立了文官制度,这使科举制度也吸引了外国人参加,而且考中的人还不少。唐代曾设立"宾贡进士"制度专门优待外国考生,并相对放宽条件录取一些日本人、朝鲜人、波斯人和犹太人等作为宾贡进士。朝鲜历史上在中国参加科举考试并考上进士且有姓名可考的就多达 53 人。此后,宋明元清代也都有外国人参加科举考试的记载,可见科举制度影响之大,报考范围之广。

考试科目、内容与方法

　　科举考试为避免考生过多造成人力物力的浪费，历朝历代都对报考者实行预备考试，以选拔已经具备一定知识水平的人参加，这种预备性考试即是科举中的解送考试，这种考试的难度和竞争的激烈程度往往不亚于中央一级的选拔。唐代科举考试分为发解试（府州试）和省试两级，宋代发展成州试、省试和殿试三级，到明洪武十七年（1384 年）礼部颁布"科举程式"，将科举规定为童试、乡试、会试和殿试四级，这成为明清科举制度的固定模式，一直沿用到科举停罢。童试，是最初级的地方县、府考试。凡是没有取得县学、州学、府学学生资格的人，不论年龄大小，通称为童生，因此，童生可以是儿童、青壮年，也可以是白发苍苍的老人。为取得入学资格，读书人必须首先参加童试，童试包括县试、府试和院试三个阶段的考试。通过院试录取的考生被称为生员，也称为秀才、茂才、文生、相公等。严格地说来，童试只是一种入学考试，童试合格者只表示已取得了地方官学学生的资格。乡试又称为乡闱，在南、北直隶（南京和北京）及各省省会举行，每三年一次，考试的时间是在农历八月初九、十二和十五三天，又称为秋闱、秋试、秋榜、桂榜，又叫"大比"。清代还在皇帝登基、大寿等喜庆的年份特别举行乡试，称为乡试恩科。乡试录取者为"举人"，俗称"孝廉"。举人不仅可以进京参加全国性的会试，即使会试未能考中进士，也具备了做官的资格。会试是集中会考的意思，乡试后的第二年在京城贡院举行，由皇帝任命的主考官和同考官主持。会试录取后被称为

"贡士",贡士在参加殿试之前,还要进行一次复试,这种复试于康熙五十一年(1712年)至嘉庆初成为定制。复试结果分为一、二、三等。明初殿试的时间为三月初一,自成化八年(1472年)起改为三月十五。乾隆二十六年(1761年)以后,将殿试定为四月二十一日举行。殿试的地点,清初在天安门外,乾隆五十四年(1789年)改在保和殿考试。明清的殿试没有淘汰,只是通过考试排出名甲。放榜分为三甲,一甲赐进士及第,只有三名,依次为状元(殿元)榜眼、探花,合成三鼎甲;二甲为进士出身,有若干人,第一名为传胪;三甲为赐同进士出身。

在考试内容方面,从隋炀帝时期开设的进士科,以考试策问为主来选取进士。策问就是有关国家政治经济生活等方面的论文,此时进士科考试只有试策,"到高宗时考功员外郎刘思立始奏进士加杂文,明经加帖"。杂文就是诗赋,帖是帖经。此后发展为口试、帖经、墨义、策问、诗赋五种形式。所考内容主要是儒家经典,在唐代就是《五经正义》。

帖经,是唐代科举考试的一种重要形式。据《通典·选举三》说主考官任取经书的一页,将左右两边遮盖,中间只露出一行,另用纸帖三至五字不等,要应试者将所帖的字填写出来。这种考试方法必须通过熟读经书才能答出,不过出题范围仅限于《五经正义》。

墨义,是一种简单的笔试问答,只要熟读经文和注疏就能回答。墨义设置的问题通常比较简便,常要问三十条、五十条或一百条才能统计成绩。这种方法全靠死记硬背,与帖经的目的一样,都是为了考察考生对一定知识的掌握程度。墨义中问答的方式有时也采取口试的方法,较为灵活。

策问,是要对现实问题提出建议,比帖经、墨义高深,内容大都涉及当时政治、吏治、教化、生产等方面的问题。当时各科考试中起决定作用的大都在策问上,它对于考察考生的政治才能是一个较为有效的方式。唐代及第进士因此出现不少有才干的宰相郡守,但久而久之,这种考试方法也暴露出不少弊端。如士子们常常用前人编集成册的旧策来读诵以应付考试,据说白居易也曾带着旧策集和一同应试的人"携以就试,相顾而笑"。不少人只读旧策、束书不观的现象在所难免。

诗赋,是唐高宗永隆二年(681年)考功员外郎刘思立认为明经多抄义条,进士惟诵旧策,都没有实才,奏请进士加试杂文二篇(一诗一赋),是为唐代试诗赋之始。至唐文宗太和八年(834年)礼部罢进士议论而试诗赋,诗赋和策问同居重要地位。后来,实际上进士科的考试更偏重于诗赋,即使帖经不及格的,诗赋好也可以放宽通过。这时诗赋在科举考试中占据重要地位主要是因为唐诗的盛行,唐诗在当时已经成为通行的文体。应进士科者通常将自己的文学创作择优编成文卷,投献给当时达官贵人或文坛名人求得他们赏识推荐,以提高知名度和及第机会,这种习尚称为"行卷"。天宝元年(742年)以后,朝廷还下令举子于考试前将平日所作诗文交纳给主考官,以供核实并知其所长,这种形式叫做纳"省卷"。

唐代科举分为常举和制举。制举,如前文所述,是由皇帝临时下制诏举行。常举,即"常贡之科"(包括前文所述的"生徒"和"乡贡"),是常年按制度举行的科目。常举的科目繁多,主要有秀才、明经、进士、明法、明书、明算等六科。秀才科为最高科等。但六科中最常举行的仅有明经、进士两科,最初这两科都只考策论,考试内容是经义或时务策。后来虽然这两科的考试内容都有些许变化,但其基本精神是:进士重诗赋,明经重帖经和墨义。到唐高宗咸亨(670—674

年)以后科举更趋向于考进士科,武周时期进士科更成为入仕的主要途径。当时以考中进士为最荣耀的事,其得人也最盛。就是皇帝特诏的"制举出身,名望虽高,犹居进士之下"。到宋代,科举逐渐制度化,考试内容和范围更是被严格限制在儒家经典著作中,至明清时期,科举作为全国统一的取士制度已成熟完善,考试标准严格刻板,考试科目简化为只有进士一科,考试内容的范围较之从前更加狭窄,经义仅限于《四书》《易》《诗》《书》《礼》《春秋》。

明代以时文取士。时文或称制艺,或称八股文,或称时艺、四书文、八比文。制艺言其为制科(科举)之文,八股言其形式,四书则言其内容,因为出题取自四书,而又须依经按传,代圣贤立言。乡试三场,首场试四书义三道、经义四道,二场试论一道、判五道、诏诰表内科一道,三场试经史时务策论五道。三场重在首场,首场经义或称五经文,作四书文,亦用八股文式。八股文始于明宪宗成化二十三年(1487年),是一种排偶文体,著名思想家顾炎武在《日知录》中称:"经义之文,流俗谓之八股……股者,对偶之名也。"八股文格式固定呆板,清规戒律诸多,有不少苛刻繁琐的要求。每篇八股文的结构由破题、承题、起讲、入手、起股、中股、后股、束股和大结组成。字数方面,八股文也有严格的规定。洪武三年(1370年)规定四书义限制在300字以内,五经义限500字;洪武十七年(1384年)又规定四书义每道200字以上,五经义每道300字以上,都没有规定上限。清初,头场限550字,康熙二十年(1681年)增加了100多字。乾隆之后,都限制在700字以内。除了在形式上,八股文在内容上也有严格的限制。八股文的命题均局限在《四书》《五经》中,而且答案内容必须以朱熹的《四书集注》等儒家经典为依据,不许自由发挥,并模仿古人语气"代圣人立言"。自明代采取八股文取士

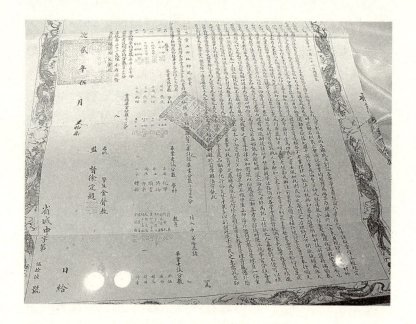

贡　院

之后,学校教育的重心就转向训练学生读八股、作八股,不但不学史书、算学、天文等知识,甚至连经书也束之高阁。顾炎武曾批评说:"八股之害,等于焚书,而败坏人才有甚於咸阳之郊所坑者。"尽管八股取士在当时已暴露出诸多弊端,但在腐朽的封建统治下,并不具备根本改革科举制度的条件和基础,八股文控制了科举考试长达近五百年(1487—1898)之久。

科举考试对于每个读书人来说都可称之为人生中的最为重要的事。应考者们寒窗苦读数十载,黄卷青灯,终日过着熟读经典、吟诵诗文的单调生活,投入极大的时间、精力、财力,其过程可谓异常艰辛。科举考试不但很难,而且考场生活也很苦。考生在进入贡院考试之时要经过严格的搜检,考场官吏对照名册严格盘查考生姓名、出身、年龄等,甚至连高低胖瘦,什么脸型,有没有胡须等也一一询问查看,古人没有相片,要防止冒籍现象,只能细致如此。此外,负责搜检的士兵还要对考生上下全身搜索一遍,把携带的物品检查一番,看看有没有挟带舞弊的资料。官吏、士兵个个长呼短喝,让文弱书生们个个心悸胆寒。杜牧曾记载过一个举子,进场考试时因受不了这样盘查的屈辱,一气之下跑出贡院。唐太和元年(827年)举行省试时,从江西来的儒雅翩翩的李飞进入考场时,门吏像喊犯人一样叫他的名字,拿着名册和他的身份证明材料,上下左右盯着他打量。李飞十分不高兴,愤慨地说:"选贤才有这样的选法吗?"第二天他便卷起铺盖径直返乡了。这位李飞就是后来赫赫有名的指斥元缜、白居易的诗为"淫言蝶语""纤艳不逞,非庄人雅士,多为其所破坏"的李戡。

在唐代科举考试的时间通常为一整天,至唐穆宗长庆年间(821—824),考试时间可延长到晚上,答卷时间以白天加

进士及第牌匾

号舍模型

上三条木烛烧尽的时间,三支烛烧尽就要收卷。相传考生韦承贻写过一首诗来表达考试的艰辛:

> 白莲千朵照廊明,一片升平雅颂声。
>
> 才唱第三条烛尽,南宫(指尚书省)风月画难成。

直到宋代,科举考试的时间才多限制在白天。考试的当天,举子们需自带茶具、热饭和取暖用的木炭、照明用的烛炬、简易的桌椅等用具到贡院(即专门为科举考试建立的考场),此外还允许带一本供查韵脚字的韵书,其他的则一律不许携带。明清时期,由于每位考生都有单独的号舍,且需要在考场中过夜,因此他们所携带的东西就更多,除携带笔墨用具以外,还要携带餐具、食品等。考场内兵卫森严,号舍短屋,条件艰苦,颇令考生难堪。浙江《乡闱诗》有云,"负凳提篮浑似丐,过堂唱号直如囚",生动刻画出考生的狼狈形象。

录取、及第后的待遇

　　唐代科举"进士重诗赋，明经重帖经和墨义"，虽没有明确录取的人数，但明经科的名额远远多于进士科，一般"进士大抵千人得第者百一二，明经倍之，得第者十一二"。进士科平均每科录取约为二十五人，明经科每科录取可达一二百人，两科录取人数之悬殊由此可见。因此，进士及第是很困难的事情，当时流行这样一句谚语："三十老明经，五十少进士"，是指三十岁考中明经已经算老了，可若五十岁能中进士也还算年少。唐代二百年间进士登科的人数总共才三千多人，且考取进士后要再经吏部考试才能授予官职。

　　科举考试虽难，但进士及第是唐代最光耀门楣的事。当时称登科的为"登龙门"，意思是说过此门鱼可以化为龙，成为另一族类、另一阶级，进而飞黄腾达。唐代省试以后，经中书门下省复核以后，就开始"放榜"，即公布录取名单。唐代放榜时间多集中在二月，二月正值春天，因此被称为"春榜"，唐诗云："门外报春榜，喜君天下知。"放榜的地点在礼部南院东墙，时间为当日凌晨，进士榜榜头竖帖四张黄纸，所以及第者和祝贺者往往又将进士榜称为"金榜"，进士及第也由此被称为"金榜题名"。何扶在一首诗中说道：

　　　　金榜题名墨尚新，今年依旧去年春。
　　　　花间每被红妆问，何事重来只一人？

　　公布录取名单对考生们来说是最令人兴奋的时刻，也是最令人心痛的时刻，及第者的欢呼雀跃和落第者的悲痛欲绝形成鲜明对比。白居易27岁一举及第，写诗道："慈恩塔下题名处，十七人中最少年。"志得意满之情溢于言表。然而对于落第者来说则是心如死灰，孙定在景福二年（893年）落第以后写下的一首诗则是其内心悲痛的真切表露：

> 行行血泪洒尘襟，事逐东流渭水深。
>
> 秋跨蹇驴风尚紧，静投孤店日初沉。
>
> 一枝犹挂东堂梦，千里空驰北巷心。
>
> 明月悲歌又前去，满城烟树噪春禽。

宋代解试考试成绩合格，即由州府长吏举送礼部参加省试。关于解试合格名额即解额，初无定数，太宗时期每举约为一万人，淳化元年（990年）曾达到两万人之多。宋代解试合格者成为得解举人，即得到解送礼部省试资格的应举人，其第一名称"解元"。宋代继承了五代后唐的制度，对于某些应举人可以免于参加解试而直接参加省试，称作"免解"。对于边远地区的举人、太学的某些生员及因战功、大赦也可特别恩赐予以免解，免解举人最多时，一举可至上千人。省试合格后，由知举官奏明皇帝，参加殿试，宋明

清时代的殿试，没有淘汰，均以考试成绩排出名次等甲。进士前十名通常由皇帝亲自确定，进士自宋太宗太平兴国八年（983年）始分为三甲（等），淳化三年（992年）后，则一般分为五甲（等）。北宋时，进士殿试第一人称状元或榜首、状头，第二人称榜眼，年最少者为探花。至南宋后期，始称"第一名状元及第，第二名榜眼，第三名探花"（《梦梁录》卷三）。

有人乡试、会试和殿试皆获得第一名,称作"连中三元"。中状元之后立即授予翰林院修撰官职,榜眼、探花立即任用为翰林院编修。后来清康熙时,凡中二、三甲进士的统统任用为知县。

科举及第能大大改善读书人的社会、经济地位,及第者在社会上威风八面,声势显赫。如在清代,秀才见知县只能是拜见,而举人则是会见,这也就意味着举人有与县太爷平起平坐的身份。知县在客厅会见举人老爷,是不能端茶送客的。举人犯了罪,也必须先向学政报告,先将功名革去以后才能按平民身份进行审理。此外,考中举人在经济上也会发生根本改变。《儒林外史》中记载,范进中了举人之后,很多人前来拜"新中的范老爷","自此以后,果然有许多人来奉承他:有送田产的,有送店房的,还有那些破落户,两口子来投身为仆图荫庇的。到两三个月,范进家奴仆、丫环都有了,钱、米是不消说了"。

唐代明经、进士及第之后只是取得了做官的资格,还不能直接入仕做官,必须再经过吏部考试,及格后才能分配官职,脱去粗麻布衣,换上官服,即所谓"释褐"(又称"解褐"),表明从此不再是平民百姓,而是步入仕途了。释褐所授官职通常包括散官和职事官。散官表示品阶、级别,职事官才是实际职务。关于所授散官,据《新唐书·选举志》载:"凡秀才,上上第,正八品上;上中第,正八品下;上下第,从八品上;中上第,从八品下。明经,上上第,从八品下;上中第,正九品上;上下第,正九品下;中上第,从九品下。进士、明法,甲第,从九品上;乙第,从九品下。"由此可见,唐代科举出身者初授品阶是很低的,当然其所授职事官也不会太高。宋初传承五代后唐的制度,进士、诸科及第之后,并由礼部贡院关送吏部南曹,试判三道,亦称关试。关试合格,始释褐授官。宋太宗太平兴国二年(977年),进士、诸科及第、出身者共五百人,不经关试皆释褐授官。宋代进士、诸科及第所授官职亦包括阶官与职事官,而且其官职高低在不同时期也有所变化,但总体来说授官等级是逐渐提高、较为优渥的。未授官先释褐、及第即授官(后改为第五甲同出身者守选)、授官优渥等是宋代科举制度在释褐授官方面与唐代的主要不同之处。这突出表明,科举取士在宋代官僚政治中的地位有了很大的提高。随后元明清代取士授官在官职、待遇等方面均优于宋代,每榜取士人数较少为其中一个原因。

科举制的影响

科举制的是非功过,直到今天还是一个见仁见智的争议性问题。在中国历史上存活了一千三百多年的科举制度不仅是封建政府取士选官的有力措施,也成为封建知识分子进入官场的阶梯,成为人们取得高官厚禄的最佳途径。它把读书、应考和做官三件事紧密联系起来,自然受到封建知识分子的广泛拥护和支持。

科举制度所以产生于隋,而完备于唐,主要是因为隋、唐时期,三百年间是我国封建专制国家的再建和发展时期,急需大批干练的官吏。此外,由于阶级的变化,魏晋以来士族制度的崩溃瓦解,庶族地主势力逐渐扩大,庶族地主在掌握经济实力的基础上要求政权的再分配。政治上,唐王朝为加强中央皇权,必须将考选之权由豪族手中夺归至封建主义国家,从地方世族手中集中到封建中央政府手里,一定程度上限制了地方豪族的政治特权,同时又满足了庶族地主参加政权的要求,为扩大政权的阶级基础,维持国家的统一、稳定起了很大的作用。另外,取士制度逐渐走向采取一定的客观标准,也是考试制度本身进一步发展的要求。总之,科举制是加强封建中央皇权统治的考选制度,它的产生不仅是时代的需要,也是取士制度发展的必然趋势。

在政治上,唐代科举制度将选考和任用官员的权力集中到中央,极大加强了皇权,唐太宗私幸端门时见新进士接连而出,高兴地称道:“天下英雄入吾彀中矣。”武则天时期,通过科举提拔了一批政治干才,为开元盛世提供了一批较有作为的官僚。

在社会风气上,科举制度调动了地主阶级,特别是中小地主子弟的学习积极性,他们一心一意考进士,希望通过科举来取得高官厚禄,虽老死于文场,也无所恨。唐礼部员外郎沈既济说:"父教其子,兄教其弟,无所易者。……五尺童子,耻不言文墨焉。"由于科举盛行,就连一些贵族子弟也不把出身门荫放在心上,也去埋头苦读,有望一日金榜题名。唐宗室子孙李洞因屡考不中,竟想去哭祖坟,其诗说:"公道此时如不得,昭陵恸哭一生休"。可见不论富贵子弟还是平民子弟要想改变自己的命运,都必须通过科举阶梯进入主流社会。科举制度的长期实行,使官员的文化素养得到基本的保证,对澄清吏治、稳定社会、鼓励向学曾起过重要的作用。

在教育上,科举制度间接扩大了教育范围,打破了豪族地主垄断教育的情况,促进了学校数量的增加。唐太宗以后,宰相多从科举出身,所以大家都埋头于举业的准备,从而刺激了官学和私学的发展。在考试方法上,科举制也较之两汉时的察举制和魏晋时的九品中正制更为完善、规整、严谨,特别是有了一个衡量知识才能的统一的客观标准。而事实上,隋唐通过科举,确实为中央选拔了不少各方面的人才,如名相房玄龄、大诗人白居易、大文学家韩愈等都是进士出身,所以科举制度在我国古代是起过积极作用的。不仅如此,这种用考试而不是凭借个人出身门第或世袭制来选拔官吏的办法在当时是首创的,对于欧洲、亚洲各国的文官考试也有所影响,起到了积极的作用。

科举不仅是一种选拔人才的制度,也是我国传统文化中的一个重要的文化现象,它对中华民族传统文化的传承和沿袭具有重要作用,主要反映在儒家文化的发展和唐诗兴盛两个方面。具体来说,以科举制为最主要的媒介,汉武帝"独尊儒术"后,儒家文化独领风骚,汉武帝元光元年(前 134 年)"举孝廉"科的实施是以儒学为取士的最重要标准。至宋代,随着科举的制度化,科举考试的内容范围被严格限制在儒家经典著作中,儒家经典成为科举考试的标准文本,科举制基本成为一种以考察对于儒学了解状况为选择标准的选官制度。封建专制政权凭借科举制度作为维系以儒家价值体系为封建意识形态核心的根本手段,对光大我国儒学经典起着举足轻重的作用。

此外,唐代作为科举制度的奠基期,为后世代发展科举提供了坚实的政治和社会基础。唐代科举主要以诗赋取士,这是唐诗得以推广和繁荣的关键所在。唐诗中许多脍炙人口的佳作皆为行卷作品。诗赋在唐代进士科的地位如此突出,以至于顾炎武也认定,"以诗、赋取者谓之进士"。唐代开诗赋取士之风,大大促进了诗歌的繁荣。通过科举考试,把作诗投送作为入仕之道,这必然促使世人对诗的努力学习和钻研。当时整个知识分子阶层几乎都是诗歌作者,诗成了知识分子学习、钻研的必修科目。这种重诗风气对唐诗的促进是可想而知的。除知识分子之外,科举普遍地吸引中下层社会的人入仕。这些人都不同程度地经历了生活的磨练,其诗作题材与生活更加贴近,内容更加丰富,意境更加高远,这正是唐诗千古不朽的魅力所在。唐代大多数诗人都走过科举之路,唐诗百花纷呈的繁荣局面与科举增设诗赋密不可分。

然而,在承认科举制度所起到的积极作用的同时,还必须看到其对于文化教育的消极影响。唐代以后,学校逐渐沦为科举的附庸,学校的教学内容也以科举考试的内容为主,学校的培养目标则统统指向参加科举,登科及第。由此,学校逐渐衰微,科举实际成为教育制度的重心。科举考试内容的局限也让应考者将毕生精力全部花费在少数几部经典、诗赋和注疏著作中,养成了只重记忆不求义理的习惯,忽视了知识的实用性,使得科举选拔中出现了不少庸才。同时,科举考试对科学技术等方面的忽视使国民科技水平大幅落后,而真正有才能的人也同样被埋没了。宋代王安石曾试图改革科举制度,却无奈以失败告终,他曾慨叹说:"本欲变学究为秀才,不谓变秀才为学究"。科举考试脱离实际的弊病并非某一方面的改革所能彻底改变的,而科举制度统领下的社会以"学而优则仕"作为价值取向,对商品经济的发展起着阻碍作用,也极大地抑制了我国封建社会经济制度的发展。

原典选读

　　所谓制举者，其来远矣。自汉以来，天子常称制诏道其所欲问而亲策①之。唐兴，世崇儒学，虽其时君贤愚好恶不同，而乐善求贤之意未始少怠②，故自京师外至州县，有司常选之士，以时而举。而天子又自诏四方德行、才能、文学之士，或高蹈③幽隐与其不能自达④者，下至军谋将略、翘关⑤拔山、绝艺奇伎莫不兼取。其为名目，随其人主临时所欲，而列为定科者，如贤良方正⑥直言极谏、博通坟典⑦达于教化、军谋宏远堪任将率、详明政术可以理人之类，其名最著。而天子巡狩、行幸、封禅太山梁父，往往会见行在，其所以待之之礼甚优，而宏材伟论非常之人亦时出于其间，不为无得也。其外，又有武举，盖其起于武后之时。长安二年，始置武举。其制，有长垛、马射、步射、平射、筒射，又有马枪、翘关、负重、身材之选。翘关，长丈七尺，径三寸半，凡十举后，手持关距，出处无过一尺；负重者，负米五斛⑧，行二十步：皆为中第，亦以乡饮酒礼送兵部。其选用之法不足道，故不复书。

——《新唐书·志第三十四选举志》上

---

　　①　策：科举制度中的一种文体，主要指"时务策"，是有关当时国家政治生活方面的政治论文，也称"试策"。

　　②　怠：懒怠，松懈。

　　③　高蹈：隐居的生活。

　　④　自达：自己勉励以有所表达。

　　⑤　《新唐书·选举志上》："长安二年，始置武举。其制有长垛……又有马枪、翘关、负重、身材之选。翘关长丈七尺，径三寸半，凡十举后，手持关距，出处无过一尺。"

　　⑥　贤良方正：汉代选拔统治人才的科目之一。始于汉文帝。被举者对政治得失应直言极谏。如表现特别优秀，则授予官职。武帝时复诏举贤良或贤良文学。名称时有不同，性质无异。历代往往视作非常设之制科。

　　⑦　坟典：三坟、五典的并称，后转为古代典籍的通称。《〈书〉序》："讨论坟典。"

　　⑧　斛：中国旧量器名，亦是容量单位，一斛本为十斗，后来改为五斗。

　　按《唐典》：凡选授之制，天官①卿②掌之，所以正权衡而进贤能也；凡贡举之政，春官③卿掌之，所以核文行④而第⑤隽秀⑥也。自梁氏以降，皆奉而行之，纵或小有厘革，亦不出其轨辙。今采其事，备纪于后，以志五代审官取士之方也。

　　　　　　　　　　　　　　——《旧五代史·志十选举志》

　　宋初承唐制，贡举虽广，而莫重于进士、制科，其次则三学选补。铨法⑦虽多，而莫重于举削改官、磨勘转秩。考课虽密，而莫重于官给历纸，验考批书⑧。其它教官⑨、武举、童子等试，以及遗逸奏荐、贵戚公卿任子亲属与远州流外诸选，委曲琐细，咸有品式⑩。其间变更不常，沿革迭见，而三百余年元臣硕辅，鸿博之儒，清强之吏，皆自此出，得人为最盛焉。……宋之科目，有进士，有诸科，有武举。常选之外，又有制科，有童子举，而进士得人为盛。神宗始罢诸科，而分经义⑪、诗赋以取士，其后遵行，未之有改。自仁宗命郡县建学，而熙宁以来，其法浸备，学校之设遍天下，而海内文治彬彬矣。

　　　　　　　　　　　　　　——《宋史·志第一百八选举一》

---

　　①　天官：官名。《周礼》分设六官，以天官冢宰居首，总御百官。唐武后光宅元年改吏部为天官，旋复旧。后世亦称吏部为天官。

　　②　卿：表征高级官职。

　　③　春官：唐光宅年间改礼部为春官，后"春官"遂为礼部的别称。

　　④　文行：文章与德行。

　　⑤　第：次序。

　　⑥　隽秀：优异出众。

　　⑦　铨法：选拔、任用官吏的条例。

　　⑧　批书：经过有关部门批署的证明。

　　⑨　教官：掌管学校的官员。

　　⑩　品式：标准，法式。

　　⑪　经义：科举考试的一种科目，以经书文句为题，应试者作文阐明其中义理。

太宗始取中原，中书令耶律楚材请用儒术选士，从之。九年秋八月，下诏命断事官①术忽鸕与山西东路课税所长官刘中，历诸路考试。以论及经义、词赋分为三科，作三日程，专治一科，能兼者听，但以不失文义为中选。其中选者，复其赋役，令与各处长官同署公事，得东平杨奂等凡若干人，皆一时名士，而当世或以为非便，事复中止。世祖至元初年，有旨命丞相史天泽缘具当行大事，尝及科举，而未果行。四年九月，翰林学士承旨王鹗等，请行选举法，远述周制，次及汉、隋、唐取士科目，近举辽、金选举用人，与本朝太宗得人之效，以为："贡举法废，士无入仕之阶，或习刀笔以为吏胥，或执仆役以事官僚，或作技巧贩鬻②以为工匠商贾。以今论之，惟科举取士，最为切务，矧③先朝故典，尤宜追述。"奏上，帝曰："此良法也，其行之。"中书左三部与翰林学士议立程式，又请："依前代立国学，选蒙古人诸职官子孙百人，专命师儒教习经书，俟其艺成，然后试用，庶几勋旧④之家，人材辈出，以备超擢⑤。"十一年十一月，裕宗在东宫时，省臣复启，谓"去年奉旨行科举，今将翰林老臣等所议程式以闻"。奉令旨，准蒙古进士科及汉人进士科，参酌时宜，以立制度，事未施行。至二十一年九月，丞相火鲁火孙与留梦炎等言，十一月中书省臣奏，皆以为天下习儒者少，而由刀笔吏得官者多。帝曰："将若之何？"对曰："惟贡举取士为便。凡蒙古之士及儒吏、阴阳、

---

①　断事官：官职名。北齐僧职有断事沙门，掌断处僧人犯佛教戒律之事。元至正初设断事官一员，后增至八员，隶枢密院，掌管裁决军府刑政狱讼的事务。明初太祖置行枢密院，寻改置大都督府，下设有断事官，总治五军刑狱，后废除。

②　贩鬻：贩卖。

③　矧：况且。

④　勋旧：亦作"勋旧"。有功勋的旧臣。《晋书·陈骞传》："帝以其勋旧耆老，礼之甚重。"《新五代史·楚世家·马殷》："殷拊膺大哭曰：'吾荒耄如此，而杀吾勋旧。'"

⑤　擢：提拔。

医术,皆令试举,则用心为学矣。"帝可其奏。继而许衡亦议学校科举之法,罢诗赋,重经学,定为新制。事虽未及行,而选举之制已立。

——《元史·志第三十一选举一》

选举之法,大略有四:曰学校,曰科目,曰荐举,曰铨选。学校以教育之,科目以登进①之,荐举以旁招之,铨选②以布列之,天下人才尽于是矣。明制,科目为盛,卿相皆由此出,学校则储才以应科目者也。其径由学校通籍者,亦科目之亚也,外此则杂流③矣。然进士、举贡、杂流三途并用,虽有畸重,无偏废也。荐举盛于国初,后因专用科目而罢。铨选则入官之始,舍此蔑由焉。是四者厘然具载其本末,而二百七十年间取士得失之故可睹已。

科举必由学校,而学校起家,可不由科举。学校有二:曰国学,曰府、州、县学。府、州、县学诸生入国学者,乃可得官,不入者不能得也。入国学者,通谓之监生。举人曰举监,生员曰贡监,品官子弟曰荫监,捐赀④曰例监。同一贡监也,有

---

① 登进:升进,使上前,引申为举用,进用。

② 铨选:选才授官。古代举士与选官相一致。士获选,即为官。至唐,试士属礼部,试吏属吏部,以科目举士,以铨选举官。举官又分两途:吏部主文选,兵部主武选。唐以后,铨政代有更易,然大抵不外集吏考试量人授官之义。清中叶后,铨选又分为外补与部选两途,而选政遂成具文,但循例掣签而已。

③ 杂流:非正途出身的杂职官吏、小官吏。《宋史·选举志四》:"旧制,军功补授之人,自合从军……建炎兵兴,杂流补授者众。"

④ 赀:同"资"。

岁贡①,有选贡②,有恩贡③,有纳贡④。同一廕监也,有官生⑤,有恩生⑥。

——《明史·志第四十五选举一》

古者取士之法,莫备于成周,而得人之盛,亦以成周为最。自唐以后,废选举之制,改用科目,历代相沿。而明则专取四子书及易、书、诗、春秋、礼记五经命题试士,谓之制义⑦。有清一沿明制,二百馀年,虽有以他途进者,终不得与科第出身者相比。康、乾两朝,特开制科。博学鸿词⑧,号称得人。然所试者亦仅诗、赋、策论而已。洎⑨乎末造,世变日亟。论者谓科目人才不足应时务,毅然罢科举,兴学校。采东、西各国教育之新制,变唐、宋以来选举之成规。前后学制,判然两事焉。

......

---

①　岁贡:科举时代贡入国子监的生员的一种。明清两代,每年或两三年从府、州、县学中选送廪生升入国子监肄业。

②　选贡:明代在岁贡之外考选学行兼优者充贡,称选贡。

③　恩贡:凡遇皇帝登极或其他庆典而颁布恩诏之年,除岁贡外再加选一次,称为"恩贡"。

④　纳贡:明代科举制度准许人捐纳钱财入国子监,由生员捐纳者称纳贡,而由普通民人捐纳者称例监。

⑤　官生:明代高级官员所请荫之子称官生。《明史·选举志一》:"明初因前代任子之制,文官一品至七品,皆得廕一子以世其禄。后乃渐为限制,在京三品以上方得请荫,谓之官生。"

⑥　恩生:明代品官子弟有官生和恩生之别:依例荫入监者谓之官生;出自特恩者,不限官品,谓之恩生。

⑦　制义:即八股文。《明史·选举志二》:"其文略仿宋经义,然代古人语气为之,体用排偶,谓之八股,通谓之制义。"

⑧　博学鸿词:即博学宏词。清康熙、乾隆年间重设,因避乾隆讳而改为博学鸿词科,也称博学鸿儒。清薛福成《庸庵文编·应诏陈言疏》:"诚法圣祖高宗遗意,特举制科,则非常之士,闻风兴起。其设科之名,或称博学鸿词,或称贤良方正,或称直言极谏。"

⑨　洎:及、到。

有清学校，向沿明制。京师曰国学，并设八旗、宗室等官学。直省曰府、州、县学。

……

六堂肄业，分内、外班。初，内班百五十名，堂各二十五名；外班百二十名，堂各二十名。户部岁发帑银①，给膏火②，奖励有差，馀备周恤③。乾隆初，改内班堂各三十名，内、外共三百名。既而裁外班百二十名，加内班膏火，拨内班二十四名为外班。嘉庆初，以八旗及大、宛两县肄业生距家近，不住舍，不许补内班。补班之始，赴监应试，曰考到。列一、二等者再试，曰考验。贡生一、二等，监生一等，乃许肄业。假满回监曰复班。内班生原依亲处馆，满、蒙、汉军恩监生习或骑射，不能竟月在学者，改外班。旷大课一次，无故离学至三次以上，例罚改外。置集愆册，治诸不帅教者。出入必记于簿，监丞掌之。省亲、完姻、丁忧、告病及同居伯、叔、兄长丧而无子者，予假归里，限期回监。迟误惩罚，私归黜革，冒替除名。

课士之法，月朔、望释奠毕，博士集诸生，讲解经书。上旬助教讲义。既望，学正、学录讲书各一次。会讲、覆讲④、上书、覆背，月三回，周而复始。所习四书、五经、性理、通鉴诸书，其兼通十三经、二十一史，博极群书者，随资学所诣。日摹晋、唐名帖数百字，立日课册，旬日呈助教等批晰，朔、望呈

---

① 帑银：国库中的银子。《宋史·食货志上六》："孝宗隆兴二年秋，霖雨害稼，出内帑银四十万两，变糴以济民。"
② 膏火：指供学习用的津贴。《明史·杨爵传》："兄为吏，忤知县繫狱。爵投牒直之，并繫。会代者至，爵上书讼冤。代者称奇士，立释之，资以膏火。"
③ 周恤：周济、接济。
④ 覆讲：复述。

149

堂查验。祭酒、司业月望①轮课四书文一、诗一,曰大课。祭酒②季考,司业月课,皆用四书、五经文,并诏、诰、表、策论、判。月朔,博士课经文、经解及策论。月三日,助教课,十八日,学正、学录课,各试四书文一、诗一、经文或策一。

——《清史稿·志八十一选举一》

---

① 月望:望月,满月。月满之时,通常在月半,故亦用以指旧历每月十五日。

② 祭酒:汉魏以后官名。汉代有博士祭酒,为博士之首。西晋改设国子祭酒,隋唐以后称国子监祭酒,为国子监的主管官。清末始废。

瑰丽多姿的教学思想

　　培养德才兼备、修己安人的君子是儒家孜孜以求的教育目标,而美德与学问并非生而知之,必须经由系统有序的教学活动来完成。因为,自先秦以降,儒家历代学者都高度重视教学的价值,自觉地将为师从教视作自身的天职,悉心探索教学活动中的奥秘。围绕着"教什么""如何教"等问题,古代教育家各抒己见,诸多见解主张交相辉映,编织成一幅绚烂夺目的画卷。

教学内容与课程设置

　　儒家的教学内容承接自西周时期的"六艺"教育传统,但作为儒家创始人的孔子并没有拘泥于此。经过创新和改造,孔子建立起独具一格的教学内容体系,并编定了一套相应的基本教材——《六经》。后世沿用日久,《六经》由教材名称逐渐演变成了科目的代称。因《乐经》自秦代起失传,故"五经"作为课程总称取代了"六艺",成为我国古代教育的核心教学内容。此外,南宋教育家朱熹将《论语》《孟子》《大学》《中庸》四部儒家经典合编并注释,简称"四书"。"四书"后来经朝廷审定作为学校官定教科书,广泛盛行于元明清三代,构成了小学教育阶段的基本教学内容。

一、六艺

　　六艺,指礼、乐、射、御、书、数等六门课程,是西周时期贵族教育体系的主干部分。《周礼·保氏》记载："养国子以道，乃教之六艺：一曰五礼，二曰六乐，三曰五射，四曰五御，五曰六书，六曰九数。"六艺有大艺和小艺之分，礼、乐、射、御为"大艺"，属于大学课程；书、数为小艺，属于小学课程。

礼、乐。礼，即政治伦理道德课，是大学中最重要的课程。礼，起源于祭祀，自然崇拜、图腾崇拜、鬼神崇拜、祖先崇拜和巫术活动中都包含并孕育着各种礼仪。国学所教之礼，具体包括"五礼"，涵盖了政治、伦理、军事、社会生活等一切方面的法律和道德规范，是西周的立国之本。贵族子弟只有学会了"礼"，其行动才会合乎规范，彰显贵族的尊严，进而才能为官和治民。

五　礼

吉礼——五礼之首，就是祭礼，事天地鬼神，包括对上帝、日月星辰、社稷、五岳、山林川泽及四方百物的祭祀。祭则受福，故称"吉"。

凶礼——对丧葬、灾祸、国败、寇乱等的哀吊。其中，以丧礼为最重。

宾礼——国际间的交接仪式，以亲睦邻邦。天子诸侯之间的朝聘之礼。

军礼——与战争相关的各种礼仪，包括校阅、出师、乞师、致师、献捷、献俘等。

嘉礼——涉及日常生活中的各种应酬交际，以达到由自亲到亲万民。包括饮食礼、婚冠礼、宾射礼、飨燕礼、月辰膰礼、贺庆礼等。

乐，即综合艺术课，是各门艺术的总称。"乐者，乐也"，凡

是使人快乐、使人的感官得到享受的东西,都可泛称为"乐",包括音乐、诗歌、舞蹈、绘画、建筑、雕刻、田猎、肴馔等。作为课程,乐教的主要内容是"六乐",即云门、大咸、大韶、大夏、大濩、大武等六套乐舞。乐与礼紧密相联,凡是行礼的地方都需要有乐配合。因此,乐教不仅具有艺术教育的功能,而且是政治伦理教育的载体。《礼记·文王世子》中记载:"凡三王教世子,必以礼乐。乐所以修内也,礼所以修外也。礼乐交错于中,发形于外,是故其成也怿,恭敬而温文。"可见,礼的作用在于约束人的外部行为,具有一定的强制性;乐的作用在于陶冶人的内心情感,使具有外部强制性的礼变为能获得自我满足的内在精神需要。礼、乐二者,共同构成了六艺教育的中心,发挥着各自不同但相辅相成的教育作用。

射、御。射、御,即军事训练课。射,指射箭技术的训练;御,指驾驭战车技术的训练。奴隶制国家要求贵族子弟成为"持干戈以卫社稷"的武士,因此,射箭和驾车是他们必须掌握的基本军事技能。习射的要求主要为准确度、速度、力度和礼节;习御的要求主要为节奏、灵活、控制、准确、速度和仪态。二者都将礼节仪态纳入评判优劣的标准,充分体现了西周"尊礼"的主导思想。

射的技术标准"五射"

白矢——射穿箭靶而箭头发白,重在臂力

参连——三箭连发,重在速度

剡注——矢入箭靶,颈高头低,重在易入

襄尺——尊卑同射,卑退一尺,以别上下

井仪——四箭中靶,要求成"井"型,重在准确

御的技术标准"五御"

鸣和鸾——车上铃声随车行而鸣，富有节奏

逐水曲——驾车依曲折岸道疾驰而不坠水

过君表——驱车穿过辕门间障碍物，准确而不相碍

舞交衢——驾车往来驰驱交叉道上似舞蹈轻盈适度

逐禽左——驱车拦兽于左方，以利君射

书、数。书、数，即基础文化课。书，指文字书写；数，指计算、算法。六艺教育的起始阶段，重点就在于识字、写字。书的教学主要涉及"六书"，即学习指事、象形、形声、会意、转注、假借等造字和识字的方法。数的教学主要涉及"九数"，包括学习数数目、甲子记日法和培养一般计算能力等。

九　　数

方田【田亩面积计算】　　少广【开平方和开立方】

粟米【按比例交换】　　盈不足【运用假设的方法解决难题】

衰分【按比例分配】　　方程【联立一次方程及正负数】

商功【工程计算】　　勾股【勾股定理】

均输【按照人口、路途等条件，合理安排运输赋粟和分配徭役】

六艺教育，兼顾高级与初级两个阶段，既重文事又重武备，既重思想道德又重文化知识，既重传统文化又重实用技能，既重礼仪规范又重情感修养，奠定了中国古代教育的课程基础。但随着社会的发展，到了西周后期，六艺教育逐渐发生蜕变，实用色彩日益弱化，特别是射、御已失去其原本的军事意义。

二、六经

六经,是《诗》《书》《礼》《乐》《易》《春秋》的合称。这六部古籍在孔子之前早已存在,为王室贵族所有。孔子晚年对其加以整理,作为教学的基本教材,后人称之为"六经"。

《诗》,即《诗经》,是中国最早的诗歌选集,共 305 篇。《诗》中包含的内容非常广泛,从西周初年到春秋中叶跨越五百年的历史,分风、雅、颂三个部分。风,包括十五国的民歌;雅,是贵族文人抒发思想感情的作品;颂,是宗庙祭祖时所用的乐歌。《诗》中的篇章多以四言,运用赋、比、兴的手法,语言朴素优美,描写生动传神,音节自然和谐。孔子认为《诗》具有极高的教育价值,他在《论语·阳货》中说:"诗,可以兴,可以观,可以群,可以怨,迩之事父,远之事君,多识于鸟兽草木之名。"就是说,学《诗》可以使学生学会比喻联想,学会观察社会;可以培养学生的合群性,具备讽刺批判现实的能力;可以培养事父、事君的才能,还可以掌握鸟兽草木等自然常识。

《书》,又称《尚书》,是古代政治文献的汇编。相传孔子删订为百篇,现今流传下来的共 28 篇。该书记载了夏商以来,特别是周初奴隶制国家的诏令文告。从内容上可分为祭祀文告和战争文告两类,从文体形式上可分为上行的奏议和下行的诏令两类。《书》的编撰目的是让学生学习先王之道,选取的材料都符合垂世立教、示人规范的政治标准。

《礼》,又称《仪礼》或《士礼》,是西周和春秋时期婚、丧、祭、饮、射、朝、聘等各种典礼仪节的汇编,共 17 篇。孔子极其重视礼的教育,认为"不学礼,无以立",进而提出"非礼勿视,非礼勿听,非礼勿言,非礼勿动"。不过,流传后世的《礼》并非仅止《仪礼》一部,它与《周礼》《礼记》,合称"三礼"。在

"三礼"之中,相传为周公所作的《周礼》偏重记录周代的官制和政治制度,通常认为由孔子编定的《仪礼》偏重对礼节仪式的详细规范,西汉礼学家戴圣编定的《礼记》则偏重对具体礼仪的解释和论述。这三部儒家经典,共同构成了中国古代礼仪制度的百科全书。

《乐》,作为儒家经典是否真实存在,有两种说法。一说确有《乐经》,后因秦焚书而散佚;一说本无《乐经》,附于《诗经》之中,"乐"为曲调,"诗"为歌词。究竟有无,仍为悬案。在六艺当中,孔子最重视的就是礼和乐。他认为,礼与乐各有所长,在育人过程中相辅相成,能够发挥出巨大作用。

《易》,又名《周易》,是卜筮使用的书。该书重在讲述事物的变化,认为阴阳两种势力的相互作用是产生万物的根源。由阴爻和阳爻两种基本符号配合组成的八卦,象征八类事物(天、地、雷、风、水、火、山、泽);再将八卦两两相重组成六十四卦,共 384 爻。卦、爻各有说明,称为卦辞和爻辞,用来推测自然和社会的变化。《周易》分为经和传两个部分,经包括卦辞和爻辞;传包括解释卦辞和爻辞的 7 种文辞,共 10 篇。《易》为高深学问,孔子晚年才开始熟读精研,所以只是传授少数弟子。

《春秋》,是中国现存的第一部编年史,记载了鲁隐公元年至鲁哀公十四年共 242 年的历史,涉及政治、经济、军事、天文、地理、灾异等多方面资料。孔子编写《春秋》的目的在于用历史来"正名",即用周礼规定的等级名分来矫正不合"礼"的社会现实,使纷乱的时代恢复安定。为此,他发明了"寓褒贬,别善恶"的春秋笔法,就是用曲折隐晦的方式,表达作者的褒贬与价值判断,往往一字之中,含有深意。由于春秋笔法言辞过简而且晦涩,后世遂加以阐释、补充,致使产生诸家之传。流传至今的《春秋公羊传》《春秋谷梁传》和《春秋左氏传》,合称"三传"。

孔子编修的六经是中国教育史上最早的成套教材,是教材建设史上的重大事件。通观六经,可以发现孔子的教学内容具有如下特点:第一,重人事轻鬼神。其教学内容偏重于历史、政治、伦理等社会现实知识,不设宗教科目,敬鬼神而远之。第二,重文事轻武备。传统"六艺"中的射、御等军事知识和技能学习被淡化,居于次要地位。第三,缺乏自然知识、科学技术和生产劳动知识。在孔子看来,学习是为了从政,"君子谋道不谋食",无须关心物质生产劳动。六经之中,作为常规教学内容的是礼、乐、诗、书四教,四者中又以前三者为重要。所谓"兴于诗,立于礼,成于乐"(《论语·泰伯》)。教学应从学"诗"开始,以激发学生的情感和意志;进而学"礼",以约束其言行;最后学"乐",以形成其性格。

三、四书

"四书"指《论语》《孟子》《大学》《中庸》四部书。其中,《论语》、《孟子》分别是孔子、孟子及其学生的言论集,《大学》《中庸》则是《礼记》中的两篇文章。朱熹首次把它们编在一起,并分别作了注释。由于这四部经典分别出于早期儒家的四位代表性人物孔子、曾参、子思、孟子,所以称为"四子书",简称"四书"。"四书"作为儒家传道、授业的基本教材,几百年间广泛流传,成为元明清三代每个读书人的必读书。

《大学》,是先秦时期儒家道德教育的重要文献,相传为孔子的弟子曾参所作。文中明确阐释了大学教育的基本纲领——"大学之道,在明明德,在亲民,在止于至善",提出了大学教育的程序步骤——八条目:格物、致知、诚意、正心、修身、齐家、治国、平天下。全文体系完整、逻辑严密,对于中国封建社会知识分子的修德、为学、立世产生重大影响。以朱熹为代表的宋代理学家认为它是"初学入德之门",故将其列为《四书》之首。

《中庸》,是一篇阐述儒家教育哲学思想的文章,一般认为作者是孔子之孙子思。文中将"中庸"确定为最高的道德标准,要求人们在道德修身和为人处世的过程中做到不偏不倚、安于本分、中正平和。文章开篇提出了这样的命题——"天命之谓性,率性之谓道,修道之谓教",意思是:上天所赋予的叫做性,顺从和发扬这种本性叫做道,修明推广此道叫做教。由此,儒家将先天的人性与后天的教育联系起来,彰显出学习和教育对于人性发展的重要性。以此为出发点,《中庸》对于教育途径和学习过程等问题进行了集中论述。

《论语》,是记载孔子及其弟子言行的语录体散文集。全书共 20 篇 492 章,其中记录孔子言行的有 444 章,记录孔门弟子言行的有 48 章。《论语》内容丰富,广泛涉及哲学、政治、经济、教育、文艺等诸多方面,较为集中地反映了孔子以"仁"为核心的思想主张;语言含蓄隽永,表达精炼生动,不仅传神地描绘出孔子这一中心人物的仪态神采和个性气质,而且成功地刻画了众多孔门弟子迥然不同的形象,如温雅贤良的颜回、率直鲁莽的子路、聪颖善辩的子贡、潇洒脱俗的曾皙等。《论语》是儒家学派最具代表性的经典之作,自先秦时期直至近代新文化运动的两千余年里,对于中华民族的道德、信念、性格和行为的养成产生了重大影响。

《孟子》,是记载孟子及其弟子言行的一部文集,共 7 篇 260 章,每篇均分为上下两部分。在个体层面,孟子认为人性本善,且先天具有仁、义、礼、智四种善端,倡导个人通过修养积善成德,放弃私利,以达到社会的公义。在社会层面,孟子提出"民贵君轻"说,主张统治者施"仁政",使百姓安居乐业。《孟子》一书的语言平实畅达、精炼准确、雄健优美、气势磅磋,极富艺术表现力和感染力。书中大量的比喻和寓言为后人引用,逐渐演化为成语,流传后世,经久不衰。

源自《孟子》的成语　例举

明察秋毫　始作俑者　缘木求鱼　寡不敌众　茅塞顿开　引而不发

出尔反尔　与民同乐　水深火热　救民水火　独善其身　不言而喻

揠苗助长　事半功倍　出类拔萃　与人为善　心悦诚服　反求诸己

舍我其谁　绰绰有余　为富不仁　乱臣贼子　同流合污　一毛不拔

自暴自弃　手舞足蹈　好为人师　左右逢源　夜以继日　当务之急

自怨自艾　先知先觉　专心致志　一暴十寒　舍生取义　杯水车薪

教学过程

　　教学是一种社会实践活动，需要在一定的过程中逐步展开。那么，教学过程究竟是由哪些环节步骤构成的呢？我国古代教育家对此作出了殊途同归的回答。

一、"学—思—行"三阶段论

　　孔子是世界上最早阐释教学过程的教育家之一。他将教学过程归结为"学—思—行"三个环节，与人的一般认识过程基本相符，对于后世的教学理论和实践产生了深远影响。

　　首先，学是教学的基础环节，是求知的唯一手段。为学者必须广博地学习各种有益的知识，既要吸纳典籍中的间接经验，也要获取实践中的直接经验。孔子主张学无常师，多闻多见，因为"三人行，必有我师"（《论语·述而》），看到别人善的方面就向人家学习，看到别人不好的方面就反省自己改正缺点。学习必须虚心，能够诚恳地向他人请教，包括向那些社会地位低、学识肤浅的人请教，做到"敏而好学，不耻下问"（《论语·公冶长》），"以能问于不能，以多问于寡；有若无，实若虚"（《论语·泰伯》）。学习要端正态度、实事求是，"知之为知之，不知为不知，是知也"，"道听涂说，德之弃也"。孔子要求学生在学习过程中杜绝四种毛病，"毋意、毋必、毋固、毋我"，意思是说，不凭空想象、不绝对肯定、不拘泥固执、不自以为是。此外，学习还要反复温习、及时巩固，实现"温故而知新"。孔子认为"学如不及，犹恐失之"，做学问就好像在追逐什么似的，生怕赶不上；赶上了，还生怕丢掉了。所以，要"学而时习之"，所学知识得到了巩固，取得了成果，内心自然会感到快乐和满足。

其次，学与思要相互结合。所谓"学而不思则罔，思而不学则殆"（《论语·为政》），意思是说，只学习不加思考就会迷乱而不明，只思考不学习就会空乏而不实。孔子反对学而不思，要求学生在学习时多问几个为什么，让积极的思考贯穿学习的整个过程。"君子有九思：视思明，听思聪，色思温，貌思恭，言思忠，事思敬，疑思问，忿思难，见得思义。"（《论语·季氏》）意思就是，看的时候要想想看清楚了没有，听的时候要想想听明白了没有，待人的脸色要想想是否温和，对人的态度要想想是否恭敬，说话要想想是否忠诚，做事要想想是否认真，有了疑问要想想怎样向人请教，遇事发怒时要想想后果，有利可得时要想想是否正当。只有经过认真思考这一环节，学习才能有所得。孔子重视"思"的价值，但也坚决反对思而不学，他说："吾尝终日不食，终夜不寝，以思，无益，不如学也。"（《论语·卫灵公》）

可见，学是基础，思是关键，二者相辅相成，不可偏废。

最后，学以致用，言行相符。学是为行服务的，学习得来的知识和道德如果不能应用于实际生活，不能解决现实问题，学习也就丧失了自身的价值。"诵《诗》三百，授之以政，不达；使于四方，不能专对；虽多，亦奚以为？"（《论语·子路》）的确，熟读了《诗经》三百篇，派他去处理政务，却行不通；派他出使外国，却不能独立应对；书读得虽多，又有什么用处呢！因此，孔子在教学过程中非常注意培养学生学以致用，学有所长。鲁国权臣季康子曾问孔子，仲由（子路）、端木赐（子贡）、冉求（冉有）这三个学生能否管理政事，孔子回答说，"由也果"，"赐也达"，"求也艺"，"于从政乎何有？"（《论语·雍也》）就是说，这三个学生或为人果断，或通达人情事理,或多才多艺,让他们处理政事有什么困难呢？可见,学是手段,行才是目的。为学者要言语谨慎而行动敏捷,做到"耻其言而过其行","讷于言而敏于行",把所学体现于社会实践之中,避免夸夸其谈、言行脱节。

二、"闻—见—知—行"四阶段论

荀子认为学习是一个由初级阶段向高级阶段不断发展的过程,由低到高可以分为闻、见、知、行四个环节。荀子的学习过程理论完整而系统,比较准确地阐述了知与行的关系,具有一定的辩证法因素,而且为教学活动的开展指明了一条清晰的路径。

闻和见,是学习的起点和基础,是知识的来源。人的学习开始于耳、目、口、鼻等感官对外部事物的接触。不同感官与不同种类事物相接触,由此产生了不同的感觉,从而为进一步学习打下了必备的基础。反之,如果没有充分的感官体验,"闻见之所未至,则知不能类也"。(《荀子·正名》)不过,仅仅依赖感官并不能把握事物的规律,因为感官只能反映事物的部分属性,而且往往具有较强的主观色彩,所以,学习者必须在闻和见的基础上向学习的更高阶段——"知"发展。

知,是思维的过程,是感性认识向理性认识提升的过程。荀子认为,"凡人之害,蔽于一曲,而暗于大理。"(《荀子·解蔽》)意思是,人们在思考问题时很容易犯一个错误,那就是对复杂的事物和现象缺乏全面了解,只见树木,不见森林。这种片面之"蔽",妨碍了人们对事物的正确认识。为此,荀子提出了"兼陈中衡"的方法,就是把事物的各个方面或各种情况都展示出来,通过比较权衡而确定适当的、中正的认识。这种思维方法有助于学习者突破自身知识、经验的局限,不固守一端,尽可能地在全面、客观、公正的基础上作出解释和判断。此外,在"知"这一阶段,学习者还要做到"虚壹而静",就是保持虚怀若谷、精神专注、头脑清醒的状态,这样才能取得显著的学习成效。

行,是学习的最高阶段。荀子认为,"不闻不若闻之,闻之不若见之,见之不若知之,知之不若行之,学至于行之而止矣。"(《荀子·儒效》)就是说,由"知"所得来的认识还带有某种假设的性质,不一定可靠,必须付诸于行动。只有通过"行"的验证,所得的"知"才能称得上"明"。循着这一思路,荀子以知、行关系为标准,将人分为四类:

口能言之,身能行之,国宝也;口不能言,身能行之,国器也;

口能言之,身不能行,国用也;口言善,身行恶,国妖也。

言行一致、善言敏行者为最上等的人才;只能行或只能言者次之,但亦有各自的价值;言行不一、言善行恶者最为下等。针对这四类人,治国者应采取不同对策,"敬其宝,爱其器,任其用,除其妖"。(《荀子·大略》)

三、"学—问—思—辨—行"五阶段论

先秦时期的儒家经典《中庸》,将教学过程概括为五个彼此衔接的步骤:"博学之,审问之,慎思之,明辨之,笃行之"。这五个步骤是对孔子"学、思、行"思想和荀子"闻、见、知、行"思想的继承与发展,是对先秦儒家学习过程思想的完整表述,被后世学者引为求知为学的基本路径,流传久远。

博学之,就是广泛地学习政治、伦理、道德等多方面知识;

审问之,就是对所学的知识内容审慎地设问置疑;

慎思之,就是对审问过的内容进行分析,谨慎地思考;

明辨之,就是通过慎思而明确是非真伪,确定努力的

方向；

笃行之，就是使观念和行为统一，将明辨的结论付诸行动。

《中庸》强调，上述五个步骤是一个完整的过程，层层深入、节节反馈，只有每个步骤都得到充分实现，个人的学习才能取得切实的进步。"有弗学，学之弗能，弗措也。有弗问，问之弗知，弗措也。有弗思，思之弗得，弗措也。有弗辨，辨之弗明，弗措也。有弗行，行之弗笃，弗措也。……果能此道矣，虽愚必明，虽柔必强。"意思是说，除非不学习，学习了还没能掌握，一定不罢休。除非不追问，追问了还没能理解，一定不罢休。除非不思考，思考了还不能得出结果，一定不罢休。除非不分析，分析了还不明白，一定不罢休。除非不实行，实行了还不切实，一定不罢休。如果能这样做，即使是愚笨的人也必定会变得明智，即使是软弱的人也必定会变得刚强。

王守仁曾说：

"夫学、问、思、辨、行，皆所以为学，未有学而不行者也。如言学孝，则必服劳奉养，躬行孝道，然后谓之学，岂徒悬空口耳讲说，而遂可以谓之学孝乎？学射则必张弓挟矢，引满中的；学书则必伸纸执笔，操觚染翰。尽天下之学，无有不行而可以言学者，则学之始，固已即是行矣。"（《王阳明全集》卷一《传习录》中）

教学的基本原则

在儒学创立初期，孔子主张教学应学思并重，既注重向外的"学"，又注重向内的"思"。孔子之后的儒学教育则日渐分化出了两条不同的教学思路：其一，将"内求"作为基本原则，认为理在心中，提倡深造自得，以孟子、董仲舒、王守仁等教育家为代表；其二，将"外铄"作为基本原则，认为学知乃之，提倡格物穷理，以荀子、王充、朱熹等教育家为代表。

一、内求说

孟子一生崇拜孔子，以"孔子之道"的捍卫者自居，但在教学活动层面，却与孔子的思想存在一定区别。孟子相信"万物皆备于我"（《孟子·尽心上》），既然一切事物都具备于我心之中，那么，只要尽量发挥本心，就可以知天命了。基于此，孟子的教学思想偏重于内向，在学与思之间，他更重思维，强调理性思考的价值，"心之官则思，思则得之，不思则不得也"（《孟子·告子上》）。在孟子看来，学习是一种对内心世界的探索，教学的关键在于启发学生的学习主动性，即深造自得。"深造"，就是深入学习、刻苦钻研，这是获得高深学术造诣不可或缺的基础，但"自得"才是关键。"自得"意味着独立思考，有自己的见解，不轻信、盲从权威经典。"自得之，则居之安；居之安，则资之深；资之深，则取之左右逢其源。"（《孟子·离娄下》）只有自觉追求学问，有独立见解，才能形成稳固而深厚的智慧，遇事才能运用自如、左右逢源。作为教师，应当尊重学生的意愿，设法激发其学习主动性，不可强制性地灌输知识，更不可强为人师。

汉代儒学大师董仲舒认为"天"是宇宙万物的最高主宰，天在创造人类时，也赋予人以道德。"天道"寓于人心之中，人通过内心反省，就可以体会"天意"。知识学习也是一样的道理，必须通过个体的内省体察才能获得。董仲舒的上述观点与孟子"万物皆备于我"的思想是一脉相承的，以此为基础，他认为教学过程中应注重培养学生"内视反听"。内视，即向内看，自觉反省自己的言行；反听，即向外听，能听取别人的意见，并将听到的意见趋向于自身。教学的任务在于培养德性，因此董仲舒将诗、书、礼、乐等儒家经典作为教学的基本内容，提出"六学皆大而各有所长"（《春秋繁露·玉杯》），但他反对学习鸟兽草木等自然知识，认为这些与仁义道德无关，只会迷惑后进。

明代教育家王守仁认为"心"是天地万物的起源和主宰，无所不包。"心"与"理"合而为一，世界上没有离开人的主观认识而独立存在的客观规律。由于"心即理"，"心外无事，心外无理，故心外无学"（《王文成公全书·紫阳书院集序》），因此教学过程应当是"求理于吾心"的过程。人心中的天理也称"良知"，一切事物及规律、道德规范和品质都包含于其中。人先天具有良知，良知在人的一生中不会减少或丢失，但可能会被蒙蔽。教育的作用就是"致良知"，去除昏蔽，使良知显现。"致良知"的具体方法是"格物"。王守仁认为："物者，事也，凡意之所发必有其事，意所在之事谓之物。格者，正也，正其不正以归于正之谓也。"（《王文成公全书·大学问》）

可见，这里的"格物"即"正心"，就是改正不正当的想法，去除物欲的蒙蔽，端正道德行为，从而唤起内在的天德良知。

二、外铄说

与相信"人性善"的孟子不同，荀子认为人的本能中并不存在仁义礼智等道德品质，人性本恶。人之所以能为善，全靠后天的努力，"人之性恶，其善者伪也"（《荀子·性恶》）教育的作用就在于"化性起伪"。因此，与孟子"内求"的思路相反，荀子认为教学是一个不断积累知识、道德的"外铄"过程。在学与思的关系上，他更侧重于"学"，强调后天学习的重要性。荀子在著名的《劝学篇》中说："吾尝终日而思矣，不如须臾之所学也。吾尝跂而望矣，不如登高之博见也。登高而招，臂非加长也，而见者远；顺风而呼，声非加疾也，而闻者彰；假舆马者，非利足也，而至千里；假舟楫者，非能水也，而绝江河。君子生非异也，善假于物也。"登到高处才能看得广阔，顺风呼叫才能听得清楚，借助舟船才能横渡江河，同理，要想进学修德就必须广泛学习已有的知识经验，善于借助外力。东汉教育家王充也反对"生而知之"的观点，他说："才有高下，知物由学，学之乃知，不问不识。"（《论衡·实知》）尽管人的先天条件存在差异，但要想认识事物就必须学习，世上不存在"不学自知，不问自晓"的圣人。王充认为教学过程应该包括"见闻为"和"开心意"两个阶段。所谓"见闻为"，就是在教学中首先要依靠耳闻、目见、口问、手为，直接接触客观事物。利用耳目感官感受外物是认识的最根本条件，"齐郡世刺绣，恒女无不能。襄邑俗织锦，钝妇无不巧。日见之，日为之，手狎也"。（《论衡·程材》）一个普通妇女之所以能够刺绣织锦，就是因为日见日为，由此才会熟能生巧。所谓"开心意"，就是要开动脑筋，进行理性思考。教学不能停留在感性认识阶段，单凭耳目，获得的只是片面的、不完整的知识，必须把感性认识加以深化提高。

南宋理学家朱熹认为教学的目的不是为了学知识、应科举，而是为了让学生明白做人的道理，修己治人。他说："圣贤千言万语，只是教人明天理，灭人欲。"（《朱子语类》卷十三）在朱熹看来，"理"是万物产生的本原，是一种独立于自然界之外的绝对精神。"理"充塞于宇宙，无处不在。"气"是构成万物的材料，人是"理与气合"的产物。尽管"理"（知识）是人心所固有的，但人并不能直接认识心中之知，必须借助"格物"这一手段，实现"格物穷理"。格，就是穷尽；物，就是事物，是天理的体现。可见，朱熹的"格物"与王守仁的"格物"所指不同。需要注意的是，朱熹虽然重视"外求"，但区别于荀子、王充。这种外求的目的并不是要认识客观物质世界，而是主张在万事万物中通过万事万物去领悟"天理"。

教学的具体原则与方法

中国古代教育源远流长,历代教育家在教育实践中总结提炼出大量丰富价值的教学原则和方法,如孔子的因材施教、启发诱导,孟子的深造自得、盈科而进,荀子的解蔽救偏、兼陈中衡,韩愈的俱收并蓄、提要钩玄等。为了简明清晰地勾勒出这些教学原则和方法的大致面貌,此处重点介绍《学记》中的教学原则方法体系和朱熹创立的"朱子读书法"。

一、《学记》中的教学原则与方法

《学记》是《礼记》中的一篇,成书于战国末期,是世界上最早的教育论著。《学记》对先秦时期儒家的教育经验和教育思想进行了全面系统的总结,其中关于教学原则、方法的论述精辟而深刻,是全篇的精华所在。

教学相长。这是对教师如何实现自我提高而提出的要求。"虽有佳肴,弗食不知其旨也;虽有至道,弗学不知其善也。是故学然后知不足,教然后知困。知不足,然后能自反也。知困,然后能自强也。故曰:教学相长也。《兑命》曰:'学学半',其此之谓乎!"意思是说,学习过后才知道自

己学识不够,教人之后才发现自己学识不通达。知道不够,然后才能反省,努力向学。知道有困难不通达,然后才能自我勉励,奋发图强。所以说,教与学是相辅相成的。《尚书·说命篇》中提到的教别人能够收到一半学习的效果,就是这个意思。这条原则阐明了教学过程中教与学之间相互依存、相互促进的关系,"学"因"教"而日进,"教"因"学"而益深。

藏息相辅。这是对正确处理课内学习与课外活动之间关系而提出的要求。"大学之教也,时教必有正业,退息必有居学",正业即正规课业,居学即课外练习,二者各有价值,必须相互结合,彼此促进。"不兴其艺,不能乐学。故君子之于学也,藏焉修焉,息焉游焉。夫然,故安其学而亲其师,乐其友而信其道,是以虽离师辅而不反也。"意思是说,不学习各种课外技艺,就学不好正课。课外练习是正课学习的继续和补充,既可以巩固深化课内学习的内容,又可以使学习张弛有度、充满乐趣。所以,善于学习的人务必做到,上课时专心努力进修,休息时尽情玩弄杂艺,这样才能安于学习、亲近师长、乐于交友、坚守信念,即使日后离开师友也不会走回头路。

预时孙摩。这是为保障教学成功开展而提出的四项具体原则,"禁于未发之谓预;当其可之谓时;不凌节而施之谓孙;相观而善之谓摩。此四者,教之所由兴也。"预,就是预防,教师要提前预计到学生可能产生的不良倾向,采取措施预先防止。时,就是及时,要抓住学习的恰当时机,及时施教,否则"勤苦而难成"。孙,就是顺序,要遵循一定的规律循序渐进,否则会使学生深感困苦却没有收益。摩,就是观摩,师友之间要相互学习,取长补短;独学无友必然导致孤陋寡闻,交友不慎则将荒废自己的学业。

启发诱导。孔子是世界上最早提出启发式教学的教育家,他认为在教学过程中教师首先要设法激发学生的求知欲望,引导他们积极思考问题、努力表达自己的观点;然后,因势利导、适时点拨,使学生触类旁通,举一反三。

《学记》继承并发扬了孔子启发性教学的思想,提出"君子之教,喻也:道而弗牵,强而弗抑,开而弗达。道而弗牵则和,强而弗抑则易,开而弗达则思"。意思是说,教师要积极引导而不是硬牵着学生走,这样师生关系才会和睦融洽;督促劝勉学生但不强迫和压抑,这样学生才会感到学习虽有压力但却容易达到目标;引导学生打开思路但不要提供现成答案,这样才能养成学生独立思考的习惯。

长善救失。这是对因材施教的一种具体化,即发扬积极因素克服消极因素。学生在学习时容易出现四种失误,"或失则多,或失则寡,或失则易,或失则止。此四者,心之莫同也。知其心,然后能救其失也。"多,就是学习知识过于庞杂、贪多务得;寡,就是读书太少、知识面狭窄;易,就是学习不求甚解、浮躁自满;止,浅尝辄止、畏难而退。上述四种缺点在不同学生身上表现不同,产生的原因亦不同。作为教师,必须了解学生的心理差异和问题症结,善于因势利导,引导学生发扬优点,克服缺点,扬长补短。

善教继志。这是对教师应采取的教学方法所提出的要求。"善歌者,使人继其声。善教者,使人继其志。其言也,约而达,微而臧,罕譬而喻,可谓继志矣。"意思是说,擅长唱歌的人,能使听众不约而同地跟着他唱起来。擅长教学的人,能使学生自觉地随着他的引导来学习。这样的人,语言简练而道理明彻,叙述浅近而含义深远,举例不多却富有启发。这可以说是善于使学生跟随他指引的方向努力学习了。

二、朱子读书法

朱熹的读书法是他长期读书经验以及对前人读书经验的概括和总结,是我国古代最有影响的一套学习方法论,朱熹认为追求"天理"是学习修养的终极目标,而"天理"的精髓

都蕴涵在圣贤的书中,所以读圣贤之书是穷理的必经之途。朱熹一生酷爱读书,对于如何读书有着深刻的理解和详细的阐发。他去世后,弟子门人对其有关读书的言论加以整理归纳,成为六条读书法。朱子读书法集读书经验之大成,内容丰富、凝炼精辟,构成了一个完整的读书、求学、进业的方法体系,奠定了中国古代读书法的基础。

循序渐进。所谓循序,就是遵循教材的客观顺序和学生的能力来确定课程进度;所谓渐进,就是不贪快求速。具体来说,第一,读书应有一定次序,"以二书言之,则通一书而后又一书。以一书言之,篇、章、文、句、首尾次第,亦各有序而不可乱也。"第二,要根据自己的实际情况和能力制定读书计划,并切实遵守,即"量力所至而谨守之"。第三,读书要扎实稳健,一步一步前进,不可急于求成,"未得乎前,则不敢求乎后;未通乎此,则不敢志乎彼。"

熟读精思。朱熹认为一些读书人"所以记不得,说不去,心下若存若亡,皆是不精不熟之患"。所谓熟读,就是反复阅读,达到烂熟于心的程度。朱熹相信,读书如同吃果子,只有细嚼方能品出滋味,所以必须读够一定遍数,"使其言皆若出于吾之口"。所谓精思,就是深入钻研,用心思索领悟书中之

要义，"使其意皆若出于吾之心"。此外，熟读与精思要相互配合，不可分割。"读书有三到：心到、眼到、口到。心不在此，则眼看不仔细。心眼既不专一，却只浪漫诵读，决不能记，记亦不能久也。"

虚心涵泳。所谓虚心，指读书时要虚怀若谷，不可先入为主、牵强附会。所谓涵泳，指读书时要反复咀嚼，细心玩味，"读书之法无他，惟是笃志虚心，反复详玩为有功耳。"朱熹强调读书时必须以虚心的态度去体会圣贤的用心和寓意，不能主观臆断或随意发挥，尤其是不能先存己见，"若执着一见，则此心便被遮蔽了"。读书过程中如果发现了疑问，众说纷纭，也要静心静虑，切不可匆忙决定取舍。

切己体察。所谓切己体察，是指读书时要将书中道理与自身经验、生活结合起来，并以书中的道理去指导自己的实践。在朱熹看来，"入道之门，是将自个己身入那道理中去，渐渐相亲，与己为一"。读书不能仅停留在书本上、口头上，必须见之于自己的实际行动，必须身体力行。"学者读书，须要将圣贤言语，体之于身……件件如此，方有益。"如果只是向书本求义理，不能体之于己身，即使"广求博取，日诵五车"，也无益于学习。

着紧用力。所谓着紧，就是抓紧时间，抖擞精神，愤发图强，反对悠悠然的学习态度。所谓用力，就是刚毅果决，毫不懈怠，坚持到底，反对松松垮垮的学习态度。朱熹把读书形象而深刻地比喻为救火治病、撑上水船和破釜沉舟，提出读书时应该具有如同救火治病一般的紧迫感，具有如同撑上水船一般不进则退的顽强作风，具有破釜沉舟一般勇往直前的坚强信念。要像孔子一样，发愤忘食、乐以忘忧，那才是学者应有的精神和筋骨。

居敬持志。所谓居敬，就是精神专一，注意力集中。

"敬",指收敛此心,端正态度,诚心诚意,这是做好一切事情的基础,读书也不例外。基于此,朱熹主张"读书者当将此身葬在书中,行住坐卧,念念在此。"所谓持志,就是立定志向,树立目标并百折不挠地努力实现之。朱熹指出:"书不记,熟读可记;义不精,细思可精。惟有志不立,真是无作力处。"只有明确自己的目标和方向,再辅之以顽强的毅力,学业才会不断长进。

朱子读书法是一个相互联系的有机整体,六个条目都反映了读书学习的基本规律和内在要求,曾在历史上产生过重大影响。不过,该读书法过分夸大了"读书穷理"的作用,将提升道德修养作为读书的唯一目的,将儒家经典作为读书的基本范畴,忽略书本知识与实践知识之间的联系,助长了"两耳不闻窗外事,一心只读圣贤书"的不良学风。但瑕不掩瑜,朱子读书法中蕴涵的丰富且引人深思的见解,值得今人虚心学习、吸纳借鉴。

三、教育方法例举

为了实现教育目标,教师在教学过程中所施用的具体方法和手段,也就是教育方法。下面分别论述其几种主要的教育方法。

问答法。在教学活动中,教师和学生之间通过提问、答问的方式和途径,达到传授知识、发展智能,培养德性的目的,这在教学论上被称之为问答法。使用这种方法时,可以是教师问,学生答;亦可以是学生问,教师答。

教师问,学生答,例如《论语》集中了孔子与弟子论学的言论,其中即有许多孔子向学生发问而学生作答的记录。通过提问,孔子了解了学生的思想状态、学习程度,并促进了学生对问题的思考和解决。许多教育家要求掌握提问的方式和技巧。第一,教师要注意能够提出富有启发性的问题。提问的目的是要使没有疑问的学生感到有疑问,然后通过思考解答,又使产生的疑问得到解决。朱熹认为:"读书无疑者须教有疑,有疑者却教无疑,到这里方是长进。"(《学规类编》)。第二,教师提问时要注意由易而难、循序渐进。《学记》提出:"善问者如攻坚木,先其易者,后其节目,及其久也,相说以解。不善问者反此。"以砍伐坚硬的木头为例,说明教师的提问应先从容易的问题入手,然后解决难点,这样才能步步深入。其三,教师在提问时还要注意,不应该为提问而提问,而是要通过提问,促进学生积极主动的学习态度,即所谓"广仁益智,莫善于问"(《文中子问易篇》)。

学生问教师答。荀子在谈到如何解答学生的问题时提出:"故不问而告,谓之傲;问一而告二,谓之囋。傲非也,囋非也,君子如响矣。"(《荀子劝学》)就是说,学生不提问题而去讲解是不要的,学生问一个问题而教师讲解多了也是不必要的,一个好的教师只需作恰如其分的回答。《学记》也有这样的看法:"善待问者如撞钟,叩之以小者则小鸣,叩之以大者则大鸣,待其从容,然后尽其声。"它以撞钟为例说明老师回答学生的提问要有针对性。

讲解法。教师以口头叙述、解释、说明、论证等方式向学生传授知识的教学方法被称为讲解法。讲解法适用于集体教学,也适用于个别教学。如汉代的经师给学生讲经时,官办的太学一般采用集体教学的方式,因为太学规模较大,讲堂内同时容纳几百人听课,故而往往采取集体教学的方式,由教师给数十人乃至数百人讲述经文。为了传授更多的弟子,经师们又采用弟子次相授业制,教师只直接给高足弟子讲课,再由这些高足弟子给其他弟子上课。汉代一些著名经学家如董仲舒、马融等人都采用这种形式教学。讲授法运用语言表达是十分重要的。《学记》提出："善教者,使人继其志,其言也,约而达,微而臧,罕譬而喻,可谓继志矣。"教师用讲述法进行教学时,关键是要掌握语言的分寸和意思的表达,要做到语言简约而语义确切,道理细微而含义深远,比喻少而意思清楚,这样的讲述才会有好的教学效果,使学生愿意继续听老师的讲解。

会讲论辩法。会讲论辩法是一种学术讨论和传授学业相结合的教学方法,它的特点在于:持不同观点的学者之间,或者是教师和学生之间就某一学术上或教学中的问题,展开争辩讨论,把学术讨论与学校教学活动结合起来。它和今天的课堂讨论法有相似的地方,但它的讨论往往是学术问题,参加人员不限于校内,因而会讲论辩就更具有学术性、开放性。

早在战国时期的稷下学宫里,学者们就开始运用这种方法。这种教学法是通过一种"期会"的形式举行的,汉代经学教育,由于家法和师法的区别,学校里经常举行经学讨论会,各派经师之间互相诘难,公开辩论,求同存异,以建立一种统一的官方的经学。

宋明以后,书院成为一种重要的教育组织,在书院内部,开始形成一种会讲制度。持不同观点的学术大师聚会于书院,讨论一些观点不一的问题。会讲进行时,学术大师往往带着他们的众多弟子一同参加,书院内外的其他士子皆可参加辩论或听讲。明以后,书院会讲更加制度化,并形成了一种讲会组织。会讲制度的出现,是会讲论辩的教学方法形成了制度化的结果,它不仅促进了书院教学活动的丰富多彩,也促进了学术的繁荣。书院的会讲制度还影响了官学,明代国子监也采用了这种教学方法。据《明史选举制》载,当时国子学的"教之之法",除由教师讲述、答疑外,"余日升堂会馔,乃会讲、复讲、背书、轮课以为常"。会讲成为国子学经常采用的教学方法。

这种教学法有许多好处,许多教育家都曾做过论述。孔子认为,每个人都有值得自己学习的长处,学生对各有所长的老师可以择善而从。《学记》将这一教学法称为"摩",意指在学习时要相互切磋帮助。王充认为通过论辩,可以深化对道义的认识,"汉立博士官,师弟子相诃难,欲极道之深,形是非之理也。"(《论衡·明雩》)朱熹也认为会讲论辩有助于彰明道义,他说:"讲学以会友,则道益明;取善以辅仁,则德日进。"(《论语集注·颜渊》)

原典选读

诗,可以兴①,可以观②,可以群③,可以怨④,迩⑤之事父,远之事君,多识于鸟兽草木之名。

——《论语·阳货》

兴⑥于《诗》,立⑦于礼,成⑧于乐。

——《论语·泰伯》

乐,所以修内也;礼,所以修外也。礼乐交错于中,发形于外,是故其成也怿⑨,恭敬而温文。

——《礼记·文王世子》

子贡问:"师⑩与商也孰贤?"子曰:"师也过,商也不及。"曰:"然则师愈⑪与?"子曰:"过犹不及。"

——《论语·先进》

---

① 兴:启发想象力。
② 观:提高观察力。
③ 群:培养合群性。
④ 怨:学会正当的怨恨。
⑤ 迩:读"尔",近。
⑥ 兴:开始。
⑦ 立:自立。
⑧ 成:完成。
⑨ 怿:读"意",喜悦。
⑩ 师,即子张;商,即子夏。
⑪ 愈:强。

不曰"如之何①,如之何"者,吾未如之何也已矣。

——《论语·卫灵公》

以能问于不能,以多问于寡;有若无,实若虚,犯而不校②。昔者吾友③尝从事于斯矣。

——《论语·泰伯》

学而不思则罔④,思而不学则殆⑤。

——《论语·为政》

君子欲讷⑥于言而敏于行。

——《论语·里仁》

宰予昼寝。子曰:"朽木不可雕也,粪土之墙不可圬⑦也。于予与何诛⑧?"子曰:"始吾于人也,听其言而信其行;今吾于人也,听其言而观其行。于予与改是。"

——《论语·公冶长》

诵《诗》三百,授⑨之以政,不达;使⑩于四方,不能专对⑪;

---

① 如之:怎么办,指遇事不愿多思考。
② 犯而不校:触犯自己也不计较。校,计较。
③ 此句是孔子弟子曾参说的话,其中"吾友"多认为指颜回。
④ 罔:读"往",迷惑。
⑤ 殆:读"代",危险。
⑥ 讷:读 nè,迟钝。这里指忍而不言,说话谨慎。
⑦ 圬:读"污",粉刷、涂抹之意。
⑧ 诛:责备。此句意为对于宰予这个人,我何必去责备呢?
⑨ 授:交付,交给。
⑩ 使:出使。
⑪ 专对:独立对答,指在外交场合能够根据具体情况独立对答。

虽多，亦奚以为？

——《论语·子路》

不以文害①辞，不以辞害志②。以意逆③志，是为得之。
——《孟子·万章上》

公孙丑问："敢问夫子恶乎长④？"曰："我知言，我善养吾浩然⑤之气。"公孙丑问："敢问何谓浩然之气？"曰："难言也。其为气也，至大至刚，以直养而无害，则塞于天地之间。其为气也，配义与道；无是，馁也。是集义所生者，非义袭⑥而取之也。行有不慊⑦于心，则馁矣。"
——《孟子·公孙丑上》

故天将降大任于斯人也，必先苦其心志，劳其筋骨，饿其体肤，空乏其身，行弗乱其所为，所以动心忍性，曾⑧益其所不能。
——《孟子·告子下》

人之患⑨在好为人师。
——《孟子·离娄上》

---

① 害：损害。
② 志：原作的主旨。
③ 逆：追溯揣测。此句意为要按照精神去追溯揣测主旨，才算是真正的理解。
④ 恶乎长：有何特长。
⑤ 浩然：盛大而流动的样子。
⑥ 义袭：偶然的正义之举。
⑦ 慊：读"怯"，满足、惬意、心情痛快。
⑧ 曾：读"增"，增长。
⑨ 患：通病。

爱人不亲,反①其仁;治人不治,反其智;礼人不答,反其敬;行有不得者皆反求诸己,其身正而天下归②之。

——《孟子·离娄上》

君子深造之以道,欲其自得之也。自得之,则居之安③;居之安,则资之深;资④之深,则取之左右逢其源,故君子欲其自得之也。

——《孟子·离娄下》

博学而详说之,将以反说约也⑤。

——《孟子·离娄下》

不闻不若闻之,闻之不若见之,见之不若知之,知之不若行之,学至于行之而止⑥矣。

——《荀子·儒效》

故木受绳⑦则直,金⑧就砺⑨则利,君子博学而日参省乎己,则知明而行无过矣。

——《荀子·劝学》

---

① 反:反问。
② 归:归服。
③ 居之安:所学的道理处于心中安固而不疑惑。
④ 资:积累。
⑤ 将以反说约也:意指能够在博学基础上提炼精华要点。
⑥ 止:终点,最高阶段。
⑦ 受绳:经墨线量过。
⑧ 金:金属制的刀剑。
⑨ 就砺:拿到磨刀石上去磨。砺,磨刀石;就,接近、靠近。

吾尝终日而思矣，不如须臾①之所学也。吾尝跂②而望矣，不如登高之博见也。登高而招，臂非加长也，而见者远；顺风而呼，声非加疾③也，而闻者彰。假④舆马者，非利足也，而致千里；假舟楫者，非能水也，而绝江河。君子生非异也，善假于物也。

——《荀子·劝学》

蓬⑤生麻中，不扶而直；白沙在涅，与之俱黑。兰槐之根是为芷，其渐之滫⑥，君子不近，庶人不服。其质非不美也，所渐者然也。故君子居必择乡，游必就士，所以防邪辟而近中正⑦也。

——《荀子·劝学》

积土成山，风雨兴焉；积水成渊，蛟龙生焉；积善成德，而神明自得，圣心备焉。故不积跬⑧步，无以至千里；不积小流，无以成江海。骐骥⑨一跃，不能十步；驽马十驾⑩，功在不舍。锲而舍之，朽木不折；锲而不舍，金石可镂。

——《荀子·劝学》

---

① 须臾：片刻，一会儿。
② 跂：读"齐"，提起脚后跟。
③ 疾：快，这里引申为宏亮，指声音宏大。
④ 假：借助，利用。
⑤ 蓬：蓬草。此句比喻生活在好的环境里，得到健康成长。
⑥ 滫：读"朽"，臭泔水。
⑦ 中正：中庸正直。
⑧ 跬：古代的半步。跨出一脚为"跬"，跨出两脚为"步"。
⑨ 骐骥：骏马，千里马。
⑩ 驽马十驾：劣马拉车连走十天。驾，马拉车一天所走的路程叫"一驾"。

学恶乎始？恶乎终？^①曰：其数则始乎诵经，终乎读礼；其义则始乎为士，终乎为圣人，真积力久则入^②，学至乎没而后止也。故学数有终，若其义则不可须臾舍也。

——《荀子·劝学》

君子之学也，入乎耳，著乎心，布乎四体，形乎动静^③。端而言，蝡而动，一可以为法则。小人之学也，入乎耳，出乎口；口耳之间，则四寸耳，曷足以美七尺之躯哉！古之学者为己，今之学者为人^④。君子之学也，以美其身；小人之学也，以为禽犊^⑤。

——《荀子·劝学》

故不问而告谓之傲^⑥，问一而告二谓之囋^⑦。傲，非也，囋，非也；君子如向^⑧矣。

——《荀子·劝学》

学之经莫速乎好其人^⑨，隆礼^⑩次之。上不能好其人，下不能隆礼，安特将学杂识志，顺诗书而已耳。则末世穷年，不

①　"恶乎始？恶乎终？"：从何入手，以何结束。
②　真积力久则入：真诚力行，长期积累，必能深入体会其中的乐趣。
③　入乎耳，著乎心，布乎四体，形乎动静：听在耳里，记在心里，表现在威仪的举止和符合礼仪的行动上。
④　古之学者为己，今之学者为人：古人学习是自身道德修养的需求，今人学习则只是为了炫耀于人。
⑤　以为禽犊：将学问当作家禽、小牛之类的礼物去讨人好评。
⑥　傲：浮躁。
⑦　囋：读"赞"，啰嗦。
⑧　君子如向：意指君子答问应像空谷回音一般，不多不少，恰到好处。
⑨　学之经莫速乎好其人：崇敬良师是最便捷的学习途径。
⑩　隆礼：崇尚礼仪。

免为陋儒而已。将原先王,本仁义,则礼正其经纬蹊径也。

——《荀子·劝学》

故隆礼,虽未明,法士①也;不隆礼,虽察辩,散儒②也。

——《荀子·劝学》

学也者,固学一之也。一出焉,一入焉,涂巷之人也③;其善者少,不善者多,桀纣盗跖也;全之尽之,然后学者也④。

——《荀子·劝学》

君子知夫不全不粹之不足以为美也,故诵数以贯之,思索以通之,为其人以处之,除其害者以持养之。使目非是无欲见⑤也,使口非是无欲言也,使心非是无欲虑也。及至其致好之也⑥,目好之五色,耳好之五声,口好之五味,心利之有天下。

——《荀子·劝学》

古之教者,家有塾,党有庠⑦,术有序⑧,国有学。比年⑨入学,中年考校。一年视离经辨志;三年视敬业乐群;五年视博习亲师;七年视论学取友,谓之小成。九年知类通达,强立

---

① 法士:有道德有修养之士。
② 散儒:身心散漫无真实修养的浅陋儒生。
③ 一出焉,一入焉,涂巷之人也:学一阵又停一阵,那是市井中的普通人。
④ 全之尽之,然后学者也:能够全面彻底地把握所学知识,才算得上是个学者。
⑤ 使目非是无欲见:眼睛不是正确的就不想看。
⑥ 及至其致好之也:等达到完全醉心于学习的理想境地。
⑦ 党有庠:党,五百家为党;庠,读"详",设在党中的学校。
⑧ 术有序:术,读"碎",同"遂",一万二千五百家为遂。序,设在术中的学校。
⑨ 比年:隔一年。

而不反①,谓之大成。

——《礼记·学记》

大学始教,皮弁祭菜②,示敬道也。《宵雅》肄三③,官其始也。入学鼓箧④,孙其业也。夏楚二物,收其威也。未卜禘不视学⑤,游其志也。时观而弗语,存其心也。幼者听而弗问,学不躐等⑥也。此七者,教之大伦也。

——《礼记·学记》

大学之教也,时教必有正业,退息必有居学⑦。不学操缦,不能安弦;不学博依,不能安诗;不学杂服,不能安礼。不兴其艺,不能乐学。故君子之于学也,藏焉修焉,息焉游焉⑧。夫然,故安其学而亲其师,乐其友而信其道,是以虽离师辅而不反也。

——《礼记·学记》

今之教者,呻其占毕⑨,多其讯言,及于数进而不顾其安⑩,使人不由其诚,教人不尽其材。其施之也悖,其求之也佛。夫然,故隐其学而疾其师⑪,苦其难而不知其益也。虽终

---

① 强力而不反:有坚强的信念,不违背老师的教诲。

② 皮弁祭菜:身穿礼服,用藻菜等物品祭祀先圣先师。弁,读“变”,礼服。

③ 《宵雅》肄三:学习《诗经·小雅》中的三首诗(鹿鸣、四牡、皇皇者华)。肄,读“益”,学习。

④ 入学鼓箧,孙其业也:授课时,先击鼓召集学生,然后打开书箱取出学习用品,使学生恭顺谨慎地对待学业。箧,读“怯”,书箱;孙,同“逊”,恭顺。

⑤ 未卜禘不视学,游其志也:大祭之前天子诸侯不到学校视察,使学生能充分按自己的志向去学习。禘,读“帝”,大祭。

⑥ 躐等:超过进度,逾越等级。躐,读“列”,超越。

⑦ 居学:课外作业。

⑧ 藏焉修焉,息焉游焉:课内受业要学好正课,在家休息要学好各种杂艺。

⑨ 呻其占毕:照书本宣讲。占毕,竹简。

⑩ 及于数进而不顾其安:教学一味赶进度而不顾学生能否接受。

⑪ 隐其学而疾其师:厌恶学习,憎恨教师。

其业,其去之必速,教之不刑,其此之由乎!

——《礼记·学记》

　　发然后禁,则扞①格而不胜;时过然后学,则勤苦而难成;杂施而不孙,则坏乱而不修;独学而无友,则孤陋而寡闻;燕朋逆其师;燕辟废其学②。此六者,教之所由废也。

——《礼记·学记》

　　故君子之教,喻③也。道而弗牵,强而弗抑④,开而弗达。道而弗牵则和,强而弗抑则易,开而弗达则思。和易以思⑤,可谓善喻矣。

——《礼记·学记》

　　学者有四失⑥,教者必知之:人之学也,或失则多,或失则寡⑦,或失则易,或失则止。此四者,心之莫同也。知其心然后能救其失也。教也者,长善而救其失者也。

——《礼记·学记》

　　善歌者,使人继其声;善教者,使人继其志。其言也,约

---

　　① 扞:读"汉",抵制、抗拒。
　　② 燕朋逆其师;燕辟废其学:与不正派的朋友来往,就会受影响而违背师长的教诲;有轻慢邪僻的言行,就会荒废学业。
　　③ 喻:启发诱导。
　　④ 道而弗牵,强而弗抑,开而弗达:诱导而不牵拉,勉励而不压制,启发而不包办代替。道,同"导",引导。
　　⑤ 和易以思:师生关系融洽,学习轻松容易,学生勤于思考。
　　⑥ 失:过失,过错。
　　⑦ 或失则多,或失则寡:有些人的问题在于贪多,有些人的问题在于知识面狭窄。

而达①，微而臧，罕譬而喻，可谓继志矣。

——《礼记·学记》

善学者，师逸而功倍，又从而庸之②。不善学者，师勤而功半，又从而怨之。善问者如攻坚木，先其易者，后其节目③，及其久也，相说以解④。不善问者反此。善待问者如撞钟，叩之以小者则小鸣，叩之以大者则大鸣，待其从容，然后尽其声。不善答问者反此。此皆进学之道也。

——《礼记·学记》

学者读书，须是敛身正坐，缓视微吟，虚心⑤涵泳⑥。

——《朱子语类》卷一

某昨见一个人，学得些子道理，便都不肯向人说，其初只是吝⑦，积蓄得这个物事在肚里，无奈何只见我做大，便要凌人，只是此骄⑧。

——《朱子语类》卷三十五

骄吝是挟其所有，以夸其所无。挟其所有是吝，夸其所无是骄。

——《朱子语类》卷一

---

① 约而达，微而臧，罕譬而喻：言简而意明，精炼而完善，举例不多但能说明问题。臧，读zāng，善、好。

② 从而庸之：将学习的成效归功于教师，感激教师。庸，功。

③ 节目：树的枝干交接处，文理不顺处。

④ 相说以解：脱落分解。说，通"脱"。

⑤ 虚心：指读书时要虚怀若谷、静心思虑、仔细体会，不要先入为主、牵强附会。

⑥ 涵泳：指读书时要反复咀嚼，细心玩味。

⑦ 吝：自以为是，垄断知识而不肯示人。

⑧ 骄：自满自足，即使无学无术，也要装腔作势，盛气凌人。

成人之道:道德教育的原则与方法

如前所述,中国传统教育的根本目的是培养从政的君子,而成为君子的首要条件是具有高尚的道德品质修养。所以,道德教育在中国传统教育体系中居于首要地位,丰富的道德教育思想与实践包含着具体、有效的道德教育的原则与方法,成为中国传统教育文化的一笔丰厚遗产。

诚意立志

　　儒家认为，一个人想要修养自身的道德，提高自己的素养，首先要诚其意、立其志，心诚则明，立志则趋。只有在做事之前把心态放平、目标放正，才能沿着既定的路线走下去，这是修养自身的前提条件。诚意，即用心成事，"意诚而后心正，心正而后身修"（《大学》），意诚对于修养自身、提高品质有着极大的作用。荀子作为先秦百家集大成者，将"诚"看作是一种"天德"，视为君子养心行义、圣人化民治国的根本。我们都知道荀子提出过"天行有常，不为尧存，不为桀亡"（《荀子·天论》）的思想，但为什么"天行有常"呢？我们却知之不深。《荀子·不苟》篇作了解释："天不言而人推高焉，地不言而人推厚焉，四时不言而百姓期焉。夫此有常，以至其诚者也。"原来"天行有常"是通过这些事情显示出来的：上天不说话,人们却认为它很高远;大地不说话,人们却认为它很深厚;春夏秋冬四时不说话,老百姓却都能感知节气的变化。这些"不言"的事里包含着它们自身的规律,即"有常"。可见,荀子认为天行之所以"有常",在于"以至其诚者也",即大自然之所以运行有规律,是因为它达到了真诚。真诚不仅能使天地化生万物,还能使圣人教化万民。在这里,通过真诚把"天地"和"圣人"即天人合一关系展现出来。"诚"即真诚无妄,是一种极高的道德规范,天地有诚,天地达到了真诚无妄,也便体现出"天行有常",因而圣人、君子应当从"天行有常"的这种真诚无妄的行为中体会"天德",去修心养性,提高道德水准。

立志,即以志明向,确定人生的奋斗目标,使自己有一个明确的努力方向。关于立志,历史上留下了许多至理名言以及脍炙人口的故事。孔子说:"三军可夺帅也,匹夫不可夺志也。"(《论语·子罕》)表明一个人立志的重要性。不但要有"志",还要"志于道",且要达到为自己的远大理想而献身的"乐道"的境界。孟子则从"大志向"与"小目标"的辩证关系来看:"从其大体为大人,从其小体为小人。……先立乎其大者,则其小者不能夺也。此为大人而已矣。"(《孟子·告子上》)。同时,他还将"志"与"气"结合在一起,提出"持志""养气",以立志为基础,养成大丈夫"浩然之气"。"夫志,气之帅也;气,体之充也。夫志至焉,气次焉;故曰:'持其志,无暴其气。'""我知言,我善养吾浩然之气。"(《孟子·公孙丑上》)

后继儒家学者也均认同立志的重要作用。扬雄认为没有远大的志向,容易半途而废,"百川学海而至于海,丘陵学山而不至于山,是故恶夫画也"(《法言·学行篇》)。徐干认为如无大志,纵有才能也不能获得成功,"虽有其才,而无其志,亦不能兴起功也"(《中论·治学篇》)。张载认为,志向远比天资与勤学重要,"学者不论天资美恶,亦不专在勤苦,但观其趋向著心处如何"(《横渠语录》)。陆九渊认为不立大志容易随波逐流,义利不辨,迷失方向,他认为人之大志应如星斗般高远,"仰首攀南斗,翻身依北辰,举头天外望,无我这般人"(《象山全集·语录》)。王阳明也注意到立志在个人修养中的作用,"志不立,天下无可成之事,虽百工技艺,未有不本于志者。……志不立,如无柁之舟,无衔之马,漂荡奔逸,终亦何所底乎"(《王阳明全集》卷二十六)。

程门立雪

宋理学更为注重求学做人过程中的诚意立志,"程门立雪"就是这样一个故事。

杨时、游酢二人,原先以程颢为师,程颢去世后,他们都已四十岁,且已考上了进士,但仍然认为自己学问不够,于是便向程颢的弟弟程颐继续求学。相传他们初到嵩阳书院拜见程颐的那天,正遇上程老先生闭目养神,静坐假寐。这时候,外面开始下雪。两人求师心切,便恭恭敬敬侍立一旁,不言不动,如此等了大半天,程颐才慢慢睁开眼睛,见杨时、游酢站在面前,吃了一惊,说道:"啊!你们两位还在这儿没走?"这时,门外的雪已经积了一尺多厚了,而杨时和游酢并没有一丝疲倦和不耐烦的神情。

这个"程门立雪"的故事在后世读书人中流传很广,他们纷纷以此勉励自己要有求学的诚心与坚强的意志。

卧薪尝胆

那么,"大志"究竟要符合什么标准呢?"立志"要能达到"知耻求荣"的目的。人之贵,在知荣辱。先秦儒家历来重耻,"行己有耻"(《论语·子路》),"耻之于人大矣","人不可以无耻"(《孟子·尽心上》)。孔子认为,德治之所以有效,就在于它能够使民知耻,从而自觉地有所不为。孟子对耻的教育也很重视,他认为羞耻心能使人自我鞭笞,激起不甘落后、奋发向上的精神,成为自强、进步的动力。"不耻不若人,何若人有?"(《孟子·尽心上》)羞耻心是一种极为重要、不可或缺的道德堤防。一旦这一堤防决口,各种恶行必将横行于世,"无羞恶之心,非人也"(《孟子·公孙丑上》)。有无羞耻心是人与禽兽的根本区别。而对整个社会而言，如果社会成员羞耻心淡薄，社会风气将不堪设想。所以，对于个体，应该将知耻看作"立人之大节""人生之第一要事"。与知耻相对，求荣也是"立志"的一种追求。在中国古代封建社会，世俗的封建统治者多以爵高位尊、封妻荫子为荣，以等级、权势、门第为荣，以"尊"为荣。但是，儒家之士却认为这种"荣"是有限的，而符合"道义"的社会言行才是无限的"荣"。这种儒家所提倡的荣辱观，一方面劝勉有爵有位者向既尊且荣的方向努力，另一方面劝勉无爵无位的底层民众，通过对道义的追求而求得荣耀，最终调动起人们追求道义的高尚情怀，正所谓"先义而后利者荣，先利而后义者辱"（《荀子·荣辱》）知耻而后勇的故事不胜枚举：秦穆公三败于晋，誓不服输，养精蓄锐，发愤图强，终杀败晋军，威震诸侯；越王勾践被俘吴国，养马多年，卧薪尝胆，历尽磨难，终横扫吴国，成就霸业；宋岳飞不忘"靖康之耻"，率军转战疆场，精忠报国，屡立战功，名扬千古；清蒲松龄曾屡试落第，受尽嘲笑，矢志不渝，终著《聊斋》，世代留芳……知道耻辱而后改过迁善，也是一种勇敢。

实际上，儒家对"荣辱"的辨知始终指向的是如何处理眼前利益与远大理想的关系、物质享受与人生信念的关系。孔子常常教导学生眼前利益要符合远大理想，"无欲速，无见小利。欲速则不达，见小利则大事不成"（《论语·子路》）。有远大理想的人，就不应该贪恋当前的物质享受，"君子谋道不谋食"，"君子忧道不忧贫"，更不能为了追求物质享乐而葬送政治前途。孔子自称是"饭疏食饮水，曲肱而枕之，乐亦在其中矣。不义而富且贵，于我如浮云"（《论语·述而》）。他极力赞赏颜回"一箪食，一瓢饮，在陋巷，人不堪其忧，回也不改其乐"（《论语·雍也》）。孟子也主张鱼和熊掌不可兼得，要在仁义与生死间抉择，要能够舍生取义，"富贵不能淫，贫贱不能移，威武不能屈"的大丈夫精神是其真正的追求。荀子说："君子不为贫穷而怠乎道。"(《荀子·修身》)墨子反对"贪饮食而惰从事"，提倡为了"兴天下之利，除天下之害"而长年累月着短衣，食藿羹，这些都是儒家所追求的君子形象。

学思并重

在儒家的道德修养思想中,非常重视"学"与"思",认为只有通过学习道德知识,才能提高自己的道德修养,在思考反省的过程中不断深化,从而达到高尚的道德境界。学是思的前提,思是学的深化,学思并重才能产生良好的修养效果。

孔子认为,在他的周围,没有生而知之的所谓"上智",包括他本人也不是生而知之者,所有人都必须通过学习,才可以获得知识。没有学习,就不懂得为人的规矩,不懂得善恶是非。所谓君子,应该是一个"文质彬彬"的人,天生的气质再好,没有后天的学习,在道德上也达不到很高的境界。他曾经述说自己的人生经验:"吾尝终日不食、终夜不寝以思,无益,不如学也。"(《论语·卫灵公》)论及为学的重要,孔子也说:"好仁不好学,其蔽也愚;好知不好学,其蔽也荡;好信不好学,其蔽也贼;好直不好学,其蔽也绞;好勇不好学,其蔽也乱;好刚不好学,其蔽也狂。"(《论语·阳货》)那么,所谓学,主要学的是什么?孔子所说的学主要内容,应当包括礼、乐、射、御、书、数六者,其中礼最为重要。孔子曾经教导他的儿子伯鱼说:"不学礼,无以立。"(《论语·尧曰》)在孔子的时代,礼是社会制度和规范的总称,伦理道德规范是其中最主要方面之一。强调对于伦理道德标准的学习,是符合修身的一般规律的,因为认识和了解道德标准是道德行为的第一个前提。孔子自己就很重视学习,他认为学习必须虚心务实,对问题不要任意猜测,不要专横武断,不要固执己见,不要自以为是,即所谓"毋意,毋必,毋固,毋我"(《论语·子罕》)。

对自己要实事求是,不要不懂装懂,"知之为知之,不知为不知"(《论语·为政》),不要"亡而为有,虚而为盈"(《论语·述而》)。他的弟子子贡说,孔子没有固定的老师,凡是有一技之长的人,无论长幼,都可以做他的老师。正所谓:"三人行必有我师焉。择其善者而从之,其不善者而改之。"(《论语·述而》)如此,便可取他人之所长,补自己之所短。因为个人的所见所闻,毕竟有限,取众人之长,就能极大的丰富自己的知识。孔子说:"多闻,择其善者而从之,多见而识之。"(《论语·述而》)这是说在向书本和别人学习间接经验时,尽可能少一些盲从和迷信,而要有所鉴别,有所取舍。闻他人所闻,见他人所行,要以"礼"考其善恶,加以取舍。同时,孔子重学,他好问的故事,也为后世树立了良好的学风。一次,孔子去鲁国国君的祖庙参加祭祖典礼,他不时向人询问,差不多每件事都问到了。有人在背后嘲笑他,说他不懂礼仪,什么都要问。孔子听到这些议论后说:"对于不懂的事,问个明白,这正是我要求知礼的表现啊。"

荀子同样抱有"疆学而求"思想。首先,荀子认为一个人的品德和人格的铸就和形成,是与道德个体的善于学习分不开的,尤其修养作为自我教育的特殊课堂,学习在修养中的作用更是重要。荀子说:"今人之性固无礼义,故疆学而求有之也。性不知礼义,故思虑而求知之也。"(《荀子·性恶》)"吾尝终日而思矣,不如须臾之所学也。吾尝跂而望矣,不如登高之博见也。登高而招,臂非加长也,而见者远;顺风而呼,声非加疾也,而闻声彰。假舆马者,非利足也,而致千里;假舟楫者,非能水也,而绝江河。君子生非异也,善假于物也。"(《荀子·劝学》)君子并非天生,君子之所以成为君子,就在于善于学习。因此,为了开阔眼界,增长智慧,必须不断地学习,"学不可以已。青,取之于蓝,而青于蓝"(《荀子·劝学》),只要坚持学习,必会使自己不断进步,学习的过程也就是道德修养的过程,是德性涵养和磨练的过程。"木受绳则直,金就砺则利,君子博学而日参省乎己,则知明而行无过矣。"(《荀子·劝学》)"学"好比绳和砺,绳能使木变直,砺能使金变利,而"学"则可使人变为君子。君子在学习中常以其学以切己参验省察,磨练自己,使自己智识日明而避免犯过失。由此可见,"疆学而求"不是指一般的学习,而是一种修身。

南北朝时期的著名学者颜之推在其所著的《颜氏家训》中也教训子子孙孙要好学,他认为读书学习主要是靠个人勤奋。颜之推为劝勉后生刻苦读书,曾列举了大量前人勤学苦读的事例,如握锥刺股的苏秦,投斧挂树的文党,映雪读书的孙康,抱犬而卧的朱詹等。另外,他还指出读书学习需要有虚心的态度。当时,在玄学清谈之风影响下,许多士人以承认无知为耻,以巧辩胜人为荣。颜之推非常反对这种恶劣学风。他说:"夫学者,所以求益耳,见人读数十卷书,便自高自大,凌乎长者,轻慢同列,人疾之如仇敌,恶之如鸥鸟,如此以学自损,不如无学也。"(《颜氏家训》)可见,他是反对学到一点东西便自高自大、目中无人这种态度的,并认为这种人只能有损于自己,莫如不学。最后,他还指出读书学习应该珍惜时光。颜之推主张人的一生应该活到老学到老。少年时期应该抓紧时机,孜孜不倦地学习。成年以后也要学习,不能以老废学。他说:"然人有坎壈,失于盛年,犹当晚学,不可自弃。"(颜氏家训)意思是说,一个人如果在少年时期,因某种逆境而丧失学习的机会,那么成年以后还需要抓紧学习,千万不要自暴自弃。他认为,不管哪个年龄阶段的人,只要抓紧学习,总会带来一定好处的。正如他所说:"幼而学者,如日出之光;老而学者,如秉烛夜行。"(颜氏家训)这说明,他深信知识能给人带来光明。

但是,仅有"学"还不够。古人认为,思是人体器官中心的功能。孟子说:"心之官则思。"(《孟子·告子上》)人靠耳目之官博闻博见,然而若要免于杂乱迷惘,非要心官的参与不可。孔子说:"学而不思则罔,思而不学则殆。"(《论语·学而》)罔,即无所得;殆,即危险。只学习不思考,就如眼观五色,耳听八音,五光十色,使人眼花缭乱,迷失方向;只知其然,不其所以然。反过来,只一味苦思冥想而不学习,就会脱离实际,有陷入空想的危险。思必须以学为基础。在学与思的关系上,孔子认为二者不可偏废,否则有害而无益。学,无论学习古代典籍,学习别人的经验,还是亲身体验,都属于感性活动,它必须上升到理性高度,必须经过大脑的思考。"思"即思考、反省。孔子说:"君子有九思:视思明,听思聪,色思温,貌思恭,言思忠,事思敬,疑思问,忿思难,见得思义。"(《论语·季氏》)而孔子本身就是学思结合的典范。

史载,孔子跟师襄学弹琴,先学了一支曲,反复练习了十几天还不停。师襄对他说:"这支曲子你已经学会了,再学一支新的吧。"孔子答道:"还不行,我仅仅学会了弹这支曲子,还没有把握技法啊!"于是又专心致志地练了几天,师襄对他说:"曲子的技法你已掌握得相当准了,可以学别的曲子了。"孔子说,"我还没有体会把握到曲子的志趣和神韵呢,还是让我再练几天吧。"又过了些时候,师襄对他说,你已经领会了志趣和神韵,可以学新的曲子了。孔子又认真地说:"我还没有悟出作曲者是个什么样的人啊!"于是仍旧弹练。师襄在旁边认真地听后说:"听你的琴声,我好像看见有个人在严肃地思考，快乐地抬头遥望而怀念着远方。"孔子听罢兴奋地说："我已经体察到作者的为人，黑黑的面孔，高高的身材，两眼仰望远方，一心想着以德服人，感化四方。除了周文王，还有谁能作出这样旷达的曲子呢？"师襄听了，又吃惊，又钦佩，向孔子行了个礼，高兴地说道："一点儿也不错，我的老师传授这支曲子时说过，此曲名叫《文王操》，你对音乐的理解太正确了！"为准确理解和把握琴曲的深邃内涵，孔子孜孜以求，堪为学思结合的典范。

慎言力行

慎言即指言语要谨慎，勿有放纵之意。中国最早的典籍《诗经》《左传》中就有对慎言的记载。《诗经·大雅·抑》说："白圭之玷，尚可磨也；斯言之玷，不可为也。"用白玉之瑕容易处理而言语中的错误难以改正来说明言语应该谨慎，应深思熟虑后说出。《左传·昭公八年》更有"君子之言，信而有征，故怨远于其身"的话，强调说话要有凭据，认为信口开河是结怨招祸的根由。孔子崇尚周礼，曾专程到周王朝考察文物礼仪制度。据《说苑·敬慎》载，孔子在参观周王祭先祖的太庙时，看到台阶右侧立着一个铜人，但嘴被贴了三道封条。在这个铜人的背面，刻着一行字："古之慎言人也。"意思是这是古代一位说话极其慎重的人。这给孔子以极大的震动和启发，所以孔子在谆谆教诲弟子时，总是十分强调"君子讷于言而敏于行"（《论语·里仁》）并把"讷于言而谨于行"作为仁人的重要标志，反对言过其实，更反对巧言令色取悦于人，这正是成语"三缄其口"的典故。

在一个人的道德修养过程中，仅有学和思还是远远不够的，而且还要有行。言和行要保持一致，"君子耻其言而过其行"（《论语·宪问》），只说不做是可耻的，学习礼节条文和古代圣贤的言论，必须付诸行动，即对道德规范和道德观念应亲身去实践，儒家称此为"道德践履"，"力行"首先是指"躬行""笃行"，强调亲身的道德实践。孔子经常以"行"勉励自己和学生，一个有道德的人，就要学而思，思而行，学、思、行相兼顾，三个环节密不可分，缺一不可。孔子的一生非常重视学和思，但更强调行，"行有余力，则以学文"（《论语·学而》）。一个有道德的人，不仅思想意识要符合道德准则，而且必须把这种意识外化为具体行动。有一次，孔子的弟子向孔子请教说："夫子，您讲的仁德、忠义都是极好的。人人相爱，以仁义待人，确实是一种美德。仁德我很想得到，但活在世界上也是我的欲望。假如仁德与生命两者发生了冲突，该怎样处理呢？"孔子严肃地回答说："这还有什么可犹豫的呢？凡是真正的志士仁人，都不会因为贪生怕死而损害仁义，应该为了成全仁德，可以不顾自己的生命。""杀身成仁"一词由此出现，而古代义勇之士多杀身成仁者，如功不言禄的介之推、投身汨罗的屈原都是将仁的道德意识体现在行动上的代表。

对于"学"与"行"的结合，荀子也极为重视，甚至认为后者比前者更重要。"不闻不若闻之，闻之不若见之，见之不若知之，知之不若行之。学至于行之而止矣。行之，明也，明之为圣人。圣人也者，本仁义，当是非，齐言行，不失毫厘。"（《荀子·儒效》）。为什么闻、见、知都不若行？因为"行"是道德修养的最高阶段。我们都知道，道德修养不仅要获得道德知识，提高自己道德是非辨别能力，更为重要的是要化为行动，身体力行。如果只停留在前一阶段的修养上，那么这不能说是真正的修养。修养的最终目的是要变为行动，圣人如果不能做到道与行、知与行的完全一致，也就不能称为圣人。如果仅满足于学习而不去实行，那么所获得的道德知识，便无法经受检验和证明，只有把道德知识付诸实践，才能使道德观念更加明白清楚，从而将其"知"深化，把学习不断引向深入。

董仲舒也有相同的看法，他说："强勉行道，则德日起而大有功。"（《汉书·董仲舒传》）只有努力进行道德行为修养，德性才会有较大的提高。二程提出"循理而行",所谓"循理",是求得并遵循"天理",强调的是"知",但"知"的最后落脚点在于"行",这里的"行"指的就是道德践履。二程在继承"致知"和"力行"的思想基础上,着力强调知先行后的"知行观",但又认为"始于致知,智之事也;行所知而极其至,圣之事也"(《二程集·粹言》)。二程从"学为圣人,求得圣人之道"的教育目的出发,教导学生要"力学而得之,必充广而行之。不然者,局局其守耳"(《二程集·粹言》)。二程并没有因为持知先行后的观点而否定"行"的价值,这是应该注意到的。

朱熹也十分重视"践履躬行"。他在道德修养上主张穷理与笃行并重:"穷理以致其知,反躬以践其实。"(《黄勉斋状行语》)并进一步阐述知与行的关系:"知行常相须,如目无足不行,足无目不见。论先后,知为先;论轻重,行为重。"(《朱子语类》卷九)同时,"行"也是加深"知"的重要手段,只有通过道德的践履,才能够加深对道德观念的认识,树立明确的信仰,"方其知之,而行知之,则知尚浅。既亲历其域,则知之益明"(《性理精义》卷八)。"行"还有检验"知"的作用。"欲知之真不真,意之诚不诚,只看做不做,如何真个如此做底,便是知至意诚。"(《朱子语录》卷十五)由此可见,朱熹把"知"看做"行"的前提,"行"是知的目的和检验标准,强调身体力行,反对言行脱节。所以,朱熹特别强调道德行为的训练,并主张从幼小的时候就抓起。因此,他专为儿童编写了《童蒙须知》,选择儿童日常生活中必须遵守的道德规范、礼仪规矩、行为细节作出详细规定。

> 夫童蒙之学,始于衣服冠履,次及言语步趋,次及洒扫涓洁,次及读书写文字,及有杂细事宜。皆所当

知。今逐目条列，名曰童蒙须知。若其修身、治心、事亲、接物、与夫穷理尽性之要，自有圣贤典训，昭然可考。当次第晓达，兹不复详著云。蒙养从入之门，则必自易知而易从者始。故朱子既尝编次小学，尤择其切于日用、便于耳提面命者，著为童蒙须知，使其由是而循循焉。凡一物一则，一事一宜，虽至纤至悉，皆以闲其放心，养其德性，为异日进修上达之阶，即此而在矣。吾愿为父兄者，毋视为易知而教之不严。为子弟者，更毋忽以为不足知而听之藐藐也。

王守仁则提出了"知行合一"的思想，将力行的观念提升到更高一层，他特别强调："又有一种人，茫茫荡荡悬空去思索，全不肯着实躬行，也只是个揣摸影响，所以必说一个行，方才知得真。此是古人不得已补偏救弊的说话，若见得这个意时，即一言而足。今人却将就知行分作两件去做，以为必先知了然后能行，我如今且去讲习讨论做知的工夫，待知得真了方去做行的工夫，故遂终身不行，亦遂终身不知。此不是小病痛，其来已非一日矣。某今说个知行合一，正是对病的药。"（《王阳明全集》卷一《传习录》上）。王守仁的"知行合一"学说，就其内在结构而言，主要有"以知为行"和"知而必行"。"知行合一"蕴含着知与行相互包含、彼此融通、你中有我、我中有你的结合之意。

> 某尝说知是行的主意，行是知的功夫；知是行之始，行是知之成。若会得时，只说一个知，已自有行在；只说一个行，已自有知在。
>
> ——《王阳明全集》卷一《传习录》上

　　王守仁认为,真知一定要表现为行的,不去实行就不能算作真知。比如知道孝顺这个道理的时候,就已经对父母非常的孝顺和关心;知道仁爱的时候,就已经采用仁爱的方式对待周围的兄弟朋友。正是在这个意义上说,"称某人知孝、某人知弟,必是其人已曾行孝行弟,方可称他知孝知弟,不成只是晓得些孝弟的话,便可称为知孝弟"(《王阳明全集》卷一《传习录》上)。

　　明清之际的一批反理学教育家批判了"存天理、灭人欲"的道德教条,王夫之是其中的代表人物,他在性与习、理与欲、知与行、动与静等一系列问题上对程朱理学和陆王心学进行了较为全面的清理。王夫之认为,道德是日生日成的,道德修养应该养成于自强不息的实践锻炼。他特别重视环境的影响和习惯的形成,但是,"人不幸而失教,陷入于恶习,耳所闻者非人之言,目所见者非人之事,日渐月渍于里巷村落之中"(《易》),但如能立志觉醒,经过一番脱胎换骨的教育改造,仍然可以成为新人,于是强调道德修养应立"自修之志",同时要有"勤勉之功"。他说:"君子之道,譬如行远必自迩,譬如登高必自卑矣。……行无有不积,登无有不渐,迩积而远矣,卑渐而高矣,故积小者渐大也,积微者渐著也。……念念之积渐而善量以充,事事之积渐而德之成一盛。"(《礼记·中庸》)

　　"力行"还有一个重要内容,即"事上磨炼"。事上磨炼,也就是于艰难困苦中见精神,正确看待人生的顺境与逆境,强调逆境对人生的道德价值。这方面,孟子和王阳明的思想最有代表性。孟子说:"故天将降大任于斯人也,必先苦其心志,劳其筋骨,饿其体肤,空乏其身,行拂乱其所为,所以动心忍性,曾益其所不能。"(《孟子·告子下》)王阳明的一个弟子陆澄暂住在鸿胪寺,忽而接到告儿子病危的家信,心情甚为忧闷，不堪忍受。王阳明告诫他说，此时正是用功的机会，人正要在此等时磨炼，以提升自己的境界。如果将这个机会轻易放弃，空闲时讲学又有何用处呢？由此可见王阳明对"事上磨炼"的执著。

自省自克

　　将外在的学习转化为内在的自我反省与自我审察以约束和克制自己的言行,也是儒家道德教育的一种追求。《论语》记载曾子提出"吾日三省吾身"的修养方法,要人经常反省自己的思想和行为,辨察自我意识和言行中的善恶是非,严于自我批评,及时改正自己的过错,此为"自省"。"自克"与"自省"相辅相成,孔子最早提出"克己",是指严格要求自己,约束和克制自己的言行,使之合乎一定的道德规范,可见,自省自克是一种内与外、己与他相互映照,两者需要相互配合以完成共同的修身原则。

　　"自省"是指重视积极开展主观的思想分析活动,强调自觉地进行思想监督,使之遵循道德规范,成为内在的自觉要求,而不受外来强加的限制。孔子说:"内省不疚,夫何忧何惧?"(《论语·学而》)因此,孔子要求学生做到"求诸己","见贤思齐焉,见不贤而内省也"(《论语·里仁》),意思是告诫他的学生和人们,看到了符合周礼的贤人,便应想到怎样学得和他一样,看到了违背周礼的不贤之人,内心必须反省自己,有没有犯同他一样的错误。在孔子看来,只是学习,而没有联系自身品质行为的实际反省,就会惘然而无所得,不会有自身品德的真正提高。孔子列出了九项反思的内容,要求人们从视、听、色、貌、言、事、疑、忿、得上把握住自己,不为外物所左右。他把学习和反省看成是生活的一部分,表现了他对品德修养的艰难性有着深刻的认识。除了"内自省"之外,还要完成"内自讼",就是当自己有了缺点和错误时,要勇敢地面对自我,自己与自己打官司,关键是要发挥自己良心的作用,对于缺点、污点不留情面,不予放过。因为"内自讼"本身是以道德标准来进行自我的批判,因此大都具有"善终"的结局,"汤祷桑林"中成汤王的言论就是代表。商朝建立不久,发生了一场连续五年的旱灾,庄稼无收,白骨遍地。成汤王命史官占卜,史官占卜后说:"应以人为祭品祭天。"成汤王沉吟后说:"我是为民请雨,如果必须以人为祭祀的话,就请用我的身躯来祭天吧!"于是商汤沐浴、斋戒、剪发断爪,赶着素车白马,身着大麻布衣,于桑林设了祭坛。他大声向上天祷告说:"罪在我一人,不能惩罚万民;万民有罪,也都在我一人。不要以我一人的没有才能,使天帝鬼神伤害百姓的性命。"并以六事自责说:"天不下雨是我的政事无节制,没有法度吗?是老百姓有疾苦,对百姓失职吗?是官吏贪污行贿之风盛行吗?是大修宫殿劳民伤财了吗?是有美女干扰政事了吗?是小人横行,我听信谗言了吗?"成汤王自讼结束后,未及祭祀开始,倾盆大雨骤然而至,覆盖数千里。

> 昔者,汤克夏而正天下,天大旱,五年不收,汤乃以身祷于桑林,用祈福于上帝,民乃甚说,雨乃大至。(《吕氏春秋·顺民》)

孟子在孔子"君子求诸己""厚于责己"的思想上,提出"反求诸己"。所谓"反求诸己",是指对任何得不到预想效果的行为,都应当反躬自问,从自身查找原因。他说:"爱人不亲,反其仁;治人不治,反其智;礼人不答,反其敬;行有不得者皆反求诸己。"(《孟子·离娄上》)就是说:我若爱人,人不亲我,应该反省自己的仁心是否够;我约束人而人不服从,应该反省自己的智虑是否周到;我以礼待人而人不答礼,应该反省自己的敬心是否够；凡是行为得不到预期的结果，都应反省自己，进行自我检讨。不但要"反求诸己"，而且有过失还要真正改正。一个人坚持缺点错误，即使美如西施，行人也会掩鼻而过的。要"闻过则喜"，"见善思迁"，自觉学习别人的长处，这样就能使自己的道德修养日臻完美。

荀子同样特别强调"参验反省"，认为"圣人"之所以成为"圣人"，不是因为"圣人"能说会道，而是以礼严格要求自己的结果。他说："见善，修然必以自存也；见不善，愀然必以自省也；善在身，介然必以自好也；不善在身，菑然必以自恶也。故非我而当者，吾师也；是我而当者，吾友也；谄谀我者，吾贼也。故君子隆师而亲友，以致恶其贼。好善无厌，受谏而能戒，虽欲无进，得乎哉？"(《荀子·修身》)有了自我的道德反省意识，就会认识到什么是善，什么是恶。好善而能行，受谏而能戒，省过而能改，即使自己不想在道德上取得进步，也是办不到的了。夏朝时候，一个背叛的诸侯有扈氏率兵入侵，

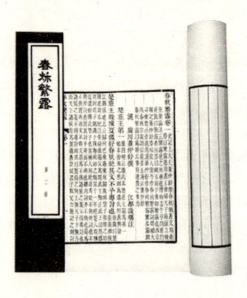

夏禹派他的儿子伯启抵抗，结果伯启被打败了。他的部下很不服气，要求继续进攻，但是伯启说："不必了，我的兵比他多，地也比他大，却被他打败了，这一定是我的德行不如他，带兵方法不如他的缘故。从今天起，我一定要努力改正过来才是。"从此以后，伯启每天很早便起床工作，粗茶淡饭，照顾百姓，任用有才干的人，尊敬有品德的人，并在每晚休息前反思自己一天做了多少善事，又做了哪些错事，并将这些记录下来。过了一年，有扈氏知道了，不但不敢再来侵犯，反而自动投降了。遇到失败或挫折，假如能像伯启这样，肯虚心地检讨自己，马上改正有缺失的地方，那么也会获得最终的成功。

董仲舒提出"以仁安人，以义正我"的原则来规范人们的行为。他说："仁之法在爱人不在爱我；义之法在正我不在正人。我不自正，虽能正人，弗予为义；人不被其爱，虽厚自爱，不予为仁。"（《春秋繁露·仁义法》）他指出仁和义是用于不同对象的道德规范，"仁"是用于待人的，"义"是用来律己的，要求人们严于律己，宽以待人。董仲舒把人我关系提到一个新的高度，这是应该肯定的。董仲舒说："故君子怒则反中而自说以和，喜则反中而收之以正，忧则反中而舒之以意，惧则反中而实之以情。失中和之不可不反如此，故君子道至。"（《春秋繁露·循天之道》）张载认为，人的道德形态是由"气"的变化而形成的，当人养成"浩然之气"时，也就形成了高尚的道德，而养气、集义主要是通过不断地克己从礼而实现的。他提出，不"克己"，就不能"集义"，不"从礼"也就无法改变"气质"。他要求人们在道德修养过程中在"克己"上狠下功夫。他说："人须一事事消了病，则常胜，故要克己。克己，下学也。下学上达相培养，盖不行则成何德行哉！"（《经池理窟·学大原下》）张载还认为礼是天理之自然，"克己"的目的在于使每个人的言行举止合符"礼",成为"成身"又"成性"的"圣贤"。

陆九渊提出"切己自反"的修养方法。他认为要做到"切己自反",就要做到"存养"。他把人之本心比作一所内藏无数财物的大厦,说它"栋宇宏丽,寝庙堂室,厩库禁庚,百尔器用,莫不具备,甚安且广"(《陆九渊集·与胡达材》)。人们只要保全、守护好它,就足够受用了。他认为要做到"存养"的具体方法有:一是以"寡欲"去"吾心之害"。他认为本心放失,主要是物欲引起的,要做到"存心",就必须"去欲"。二是从"日用处开端",也就是把存养本心贯穿于日常生活的各个方面。三是解脱"邪说"的迷惑。他既强调"存养",又强调"剥落",但很显然把"存养"放在高于"剥落"的位置。

王守仁提出"省察克治,防于未萌之先"的方法。他在《传习录》中谈到:"省察克治之功,则无时而可间,如去盗贼,须有个扫除廓清之意。无事时,将好色、好货、好名等私,逐一追究搜寻出来,定要拔去病根,永不复起,方始为快。常如猫之捕鼠,一眼看着,一耳听着,才有一念萌动,即与克去,斩钉截铁,不可姑容与他方便,不可窝藏,不可放他出路,方是真实用功,方能扫除廓清。"王守仁用比喻的手法,形象生动地描述了省察克治的紧迫性、重要性和主动性。省察克治的实质其实就是主体意志的反省,强调道德意志修养中的去恶、止恶的主动性和自觉性。他说:"省察是有事时存养,存养是无事时省察。"(《王阳明全集·卷一·示学者帖》)"或患思虑纷杂,不能强禁绝。阳明子曰:纷杂思虑,亦强禁绝不得,只就思虑萌动处省察克治,到天理精明后,有个物各付物的意思,自然静专,无纷杂之念。《大学》所谓'知止而后有定'也。"(《王阳明全集·卷二十六·与滁阳诸生书并问答语》)。因此,要从根源上杜绝这种纷杂,"发动处有不善,就将这不善的念头克倒了,须要彻根彻底,不使那一念不善潜伏在胸中",这种"一念萌动,即与克去"的方法十分值得我们借鉴学习。

改过迁善

在社会生活中，任何人都难免发生违反道德规范的过失，关键是如何处理和改正过失。孔子提倡"改过迁善"。具体如何做呢？

一、闻过则喜

闻过则喜，顾名思义就是面对别人的批评依然保持一种良好的心态，虚心接受。这体现着一种博大的胸怀和良好的个人修养，成为中华民族传统文化的精髓。

《论语·述而》中有一段话，记录了孔子是如何对待别人批评的。陈司败问孔子鲁昭公是否知礼，孔子说："知礼。"孔子走后，陈司败便对孔子的学生巫马期说，我听说君子的为人是公正而无所偏袒的，难道孔子有所偏袒吗？鲁君从吴国娶了位夫人，违反了同姓不婚的规矩，怎么能说鲁君懂得礼节呢？巫马期便把这话转告孔子。孔子听了以后，说："丘有幸，苟有过，人必知之。"（《论语·述而》）他承认自己也犯过错误，但并不想掩盖，并认为有过错能被别人了解是自己的幸运。人犯错误是一时的，能正视错误，公开改正，会受到大家的尊敬。在三千弟子中，孔子最喜欢的学生是颜回，不仅因为他好学不倦，始终努力实践孔子的理想，还因为他有"不迁怒，不贰过"的修养。"不迁怒"意为不把自己的怒气发到别人头上；"不贰过"是指不重复犯错误。人难免要犯错误，但决不能重复犯错误。

《孟子·公孙丑章句上》也有一段话记录了孟子以"子

路、禹和舜"为例教育学生勇于接受批评。战国时期,孟子对他的弟子们谈到勇于接受批评的问题时,举出历史上三个善于接受别人意见的人,即子路、禹和舜。子路是孔子的弟子之一,他为人诚实,刚直好勇,别人指出他的缺点时,他不仅虚心接受,而且十分高兴,真正做到了"闻过则喜"。孟子曰:"子路,人告之以有过,则喜。禹闻善言,则拜。大舜有大焉,善与人同,舍己从人,乐取于人以为善。自耕稼、陶、渔以至为帝,无非取于人者。取诸人以为善,是与人为善者也,故君于莫大乎与人为善。"孟子认为,道德教育的实质旨在帮助人们改正缺点,积极促进自身不断完善。一个人如何做到改过迁善,"知耻"是前提和基础,知耻,才能重现一个人善良的本性,即所谓"人不可以无耻,无耻之耻,无耻矣。"在孟子看来,"知耻",既是一个人道德责任的体现,也是具有道德判断力的表现。只有"知耻",才能唤醒一个人自我道德意识,并不断升华为自身的道德责任,进而才能进行自我教育。知耻是前提,通过改过进而实现迁善才是最终目的。因此,孟子鼓励人们改过自新,极力提倡"闻过则善",主张"乐取于人为善",即虚心学习别人的长处,以人之长补己之短。

二、见过自讼

"见过自讼"的意思是,犯了错误,要通过自我反省找出错误根源,以便改正错误,就是自我批评。孔子认为,内省自讼是改正错误的前提条件,因为不经过自我内心的思想斗争,不可能认识错误的原因,也产生不了改过的决心。所以,他要求不要文过饰非心存侥幸。因为人的行为是客观存在的,是、非、善、恶泾渭分明,子贡将人的过失比喻为日蚀、月食,人人可见,无法掩盖。子贡曰:"君子之过也,如日月之食焉:过也,人皆见之;更也,人皆仰之。"(《论语·子张》)只有认真改正才会得到别人的谅解和信任。那么怎样对待别人的批评帮助呢？孔子有一段名言："法语之言，能无从乎？改之为贵。巽与之言，能无说乎？绎之为贵。说而不绎，从而不改，吾未如之何也已矣。"（《论语·子罕》）对待对合乎法则的正确意见，一定要听从，而且要改正；对婉转劝导的话，不仅是乐意听，更重要的是要思考分析，找出差距。孔子还提出"过则勿惮改"（《论语·学而》），鼓励学生勇于改正错误。但有人不能正确对待自己的过错，有了错误文过饰非，不能认识，也不肯改正，他指出："过而不改，是为过矣。"（《论语·卫灵公》）。朱熹注："过而能改，则复于无过，唯不改，则其过遂成，而将不及改矣。"有过不改，才真正成为过错。"见过自讼"不仅是道德修养的方法，也是应具备的品德。

三、知过必改

孔子说："过，则勿惮改。"（《论语·学而》）又说："不善不能改，是吾忧也。"（《论语·述而》）他提倡有过就改，并说："过而改之，是不过也。"反之，"过而不改，是谓过矣"。（《论语·卫灵公》）对待别人的错误，孔子主张既往不咎，应该谅解，有"无攻人之恶"的宽容态度。

明代学者王守仁也提出"贵于改过"的思想。他说："夫过者自大贤所不免，然不害其卒为大贤者，为其能改也。固不贵于无过而贵于能改过。"（《王阳明全集》卷二十六）所以，要能改过，首先必须对过错有一个正确认识，表示悔悟，但悔悟并不就是改过。所以，他又说："悔悟是去病之药，然以改之为贵，若滞留于中，则又因药发病。"（《传习录上》）认为有了过错知道悔悟是好的，这就犹如找到了去病的药，但如果只知道吃药，而药性不能发散，不但旧的病痛治不好，还会添新病。讲到改正过错的方法，知道错了，就应对症下药，症结自然化解。

原典选读

子路、曾皙、冉有、公西华侍①坐。子曰："以吾一日长乎尔②，毋吾以也③。居④则曰：'不吾知也。'如或⑤知尔，则何以哉？"

子路率尔⑥而对曰："千乘之国，摄⑦乎大国之间，加之以师⑧旅，因⑨之以饥馑；由也为之，比及三年，可使有勇，且知方⑩也。"

夫子哂⑪之。

"求，尔何如？"

对曰："方⑫六七十，如五六十，求也为之，比及三年，可使足民。如⑬其礼乐，以俟君子。"

"赤，尔何如？"

对曰："非曰能之，愿学焉。宗庙之事，如会⑭同⑮，端⑯章

---

① 侍：侍奉；侍坐：此处指执弟子之礼，侍奉老师而坐。
② 以吾一日长乎尔：以，因为；长，年长。
③ 毋吾以也：吾，作"以"的宾语，在否定句中代词宾语前置。以，动词，用。
④ 居：平时，平日在家的时候。
⑤ 如或：如果有人。如：连词，如果。或：无定代词，有人。
⑥ 率尔：轻率急忙地样子；尔，助词，用作修饰语的词尾。
⑦ 摄：夹，箝。
⑧ 师：军队。
⑨ 因：动词，继，接续，接着。
⑩ 方：义，正道，这里指礼义。
⑪ 哂：微笑。
⑫ 方：见方，纵横。
⑬ 如：连词，表提起另一话题，作"至于"讲。
⑭ 会：诸侯之间的盟会。
⑮ 同：诸侯共同朝见天子。
⑯ 端：古代的一种礼服。

甫①,愿为小相②焉。"

"点,尔何如?"

鼓③瑟希④,铿尔,舍瑟而作⑤,对曰:"异乎三子者之撰⑥。"

子曰:"何伤乎? 亦各言其志也!"曰:"莫春⑦者,春服既成,冠者五六人,童子六七人,浴乎沂,风乎舞雩,咏而归。"

夫子喟然⑧叹曰:"吾与⑨点也。"

三子者出,曾皙后。曾皙曰:"夫三子者之言何如?"

子曰:"亦各言其志也已矣!"

曰:"夫子何哂由也?"

曰:"为⑩国以礼,其言不让,是故哂之。唯求则非邦也与? 安见方六七十,如五六十而非邦也者? 唯赤则非邦也与? 宗庙会同,非诸侯而何? 赤也为之小,孰能为之大?"

——《论语·先进》

君子⑪曰:学不可以已⑫。

---

① 章甫:古代的一种礼帽。这里都是名词用作动词,意思是"穿着礼服,戴着礼帽"。

② 相:在祭祀、会盟或朝见天子时主持赞礼和司仪的人。

③ 鼓:弹。

④ 希:同"稀",稀疏,这里指鼓瑟的声音已接近尾声。

⑤ 作:站起身。

⑥ 撰:才能。

⑦ 莫春:指农历三月。莫,音义同"暮"。

⑧ 喟然:叹息的样子。

⑨ 与:动词,赞成,同意。

⑩ 为:治理。

⑪ 君子:指有学问有修养的人。

⑫ 学不可以已(yǐ):学习不能停止。

青，取之于蓝[①]而青于蓝[②]；冰，水为之而寒于水。木直中绳[③]，輮[④]以为轮，其曲中规[⑤]。虽有槁暴[⑥]，不复挺[⑦]者，輮使之然也。故木受绳[⑧]则直，金[⑨]就砺[⑩]则利，君子博学而日参省乎己[⑪]，则知明而行无过矣。

故不登高山，不知天之高也；不临深溪，不知地之厚也；不闻先王之遗言[⑫]，不知学问之大也。干、越、夷、貉之子，生而同声，长而异俗，教使之然也。诗曰："嗟尔君子，无恒安息。靖共尔位，好是正直。神之听之，介尔景福。"神莫大于化道，福莫长于无祸。

吾尝终日而思矣[⑬]，不如须臾之所学[⑭]也；吾尝跂[⑮]而望

---

① 青取之于蓝：靛青，从蓝草中取得。青，靛青，一种染料。蓝，蓼蓝。蓼(liǎo)蓝：一年生草本植物，茎红紫色，叶子长椭圆形，干时暗蓝色。花淡红色，穗状花序，结瘦果，黑褐色。叶子含蓝汁，可以做蓝色染料。于：从。

② 青于蓝：比蓼蓝(更)深。于：比。

③ 中(zhòng)绳：(木材)合乎拉直的墨线。木工用拉直的墨线来取直。

④ 輮(róu)以为轮/輮使之然：輮：通"煣"，用火烤使木条弯曲(一种手工艺)。以：把。为：当作。然：这样。

⑤ 规：圆规，测圆的工具。

⑥ 虽有(yòu)槁暴(pù)：即使又晒干了。有，通"又"。槁，枯。暴，同"曝"，晒干。槁暴，枯干。

⑦ 挺：直。

⑧ 受绳：用墨线量过。

⑨ 金：指金属制的刀剑等。

⑩ 就砺：拿到磨刀石上去磨。砺，磨刀石。就，动词，接近，靠近。

⑪ 参(cān)省(xǐng)乎己：每天对照反省自己。参，一译检验，检查；二译同"叁"，多次。省，省察。乎，介词，于。博学：广泛地学习。日：每天。知(zhì)：通"智"，智慧。明：明达。行无过：行动没有过错。

⑫ 遗言：犹古训。

⑬ 吾尝终日而思矣：而，表修饰。

⑭ 须臾之学矣：在极短的时间内所学到的东西。须臾(yú)：片刻，一会儿。

⑮ 跂(qì)：抬起脚后跟站着。

矣,不如登高之博见①也。登高而招②,臂非加长也,而见者远③;顺风而呼,声非加疾④也,而闻者彰⑤。假舆马者⑥,非利足也⑦,而致⑧千里;假舟楫⑨者,非能水⑩也,而绝⑪江河。君子生⑫非异也,善假于物也⑬。

——《荀子·劝学》

国子先生晨入太学,招诸生立馆下,诲之曰⑭:"业精于勤,荒于嬉;行成于思,毁于随。方今圣贤相逢,治具毕张⑮。拔去凶邪,登崇畯良⑯。占小善者率以录,名一艺者无不庸⑰。爬罗剔抉,刮垢磨光⑱。盖有幸而获选,孰云多而不扬?诸生

---

① 博见:看见的范围广,见得广。

② 招:招手。

③ 而见者远:意思是远处的人也能看见。而,表转折。

④ 疾:快、速。这里引申为"洪亮"。

⑤ 彰:明显,清楚。这里指听得更清楚。

⑥ 假:凭借,利用。舆:车厢,这里指车。

⑦ 利足:脚走得快。

⑧ 致:达到。

⑨ 楫:桨。

⑩ 能水:指会游泳。

⑪ 绝:横渡。

⑫ 生(xìng)非异:本性(同一般人)没有差别。生,通"性",天赋,资质。

⑬ 善假于物也:于:向。物:外物,指各种客观条件。

⑭ 国子先生:韩愈自称,当时他任国子博士。唐朝时,国子监是设在京都的最高学府,下面有国子学、太学等七学,各学置博士为教授官。国子学是为高级官员子弟而设的。太学:这里指国子监。唐朝国子监相当于汉朝的太学,古时对官署的称呼常有沿用前代旧称的习惯。

⑮ 嬉:戏乐、游玩。随:因循随俗。治具:治理的工具,主要指法令。《史记·酷吏列传》:"法令者,治之具。"毕:全部。张:指建立、确立。

⑯ 畯(jùn):通"俊",才智出众。

⑰ 率:都。庸:通"用",采用、录用。

⑱ 爬罗剔抉:意指仔细搜罗人才。爬罗:爬梳搜罗。剔抉:剔除挑选。刮垢磨光:刮去污垢,磨出光亮,意指精心造就人才。

业患不能精，无患有司之不明；行患不能成，无患有司之不公①。"

言未既，有笑于列者曰："先生欺余哉！弟子事先生，于兹有年矣。先生口不绝吟于六艺之文，手不停披于百家之编②。记事者必提其要，纂言者必钩其玄③。贪多务得，细大不捐。焚膏油以继晷，恒兀兀以穷年④。先生之业，可谓勤矣。

觝排异端，攘斥佛老⑤。补苴罅漏，张皇幽眇⑥。寻坠绪之茫茫⑦，独旁搜而远绍。障百川而东之，回狂澜于既倒。先生之于儒，可谓有劳矣。

沉浸醲郁，含英咀华，作为文章，其书满家⑧。上规姚姒，浑浑无涯；周诰、殷《盘》，佶屈聱牙；《春秋》谨严，《左氏》浮夸；《易》奇而法，《诗》正而葩；下逮《庄》、《骚》，太史所录；子云、相如，同工异曲⑨。先生之于文，可谓闳其中而肆其外矣。

---

① 有司：负有专责的部门及其官吏。

② 六艺：指儒家六经，即《诗》、《书》、《礼》、《乐》、《易》、《春秋》六部儒家经典。百家之编：指儒家经典以外各学派的著作。《汉书·艺文志》把儒家经典列入《六艺略》中，另外在《诸子略》中著录先秦至汉初各学派的著作："凡诸子百八十九家，四千三百二十四篇。"春秋战国时期，各种学派兴起，著书立说，故有"百家争鸣"之称。

③ 纂：编集。纂言者，指言论集、理论著作。

④ 膏油：油脂，指灯烛。晷(guǐ)：日影。恒：经常。兀(wù)兀：辛勤不懈的样子。穷：终、尽。

⑤ 异端：儒家称儒家以外的学说、学派为异端。《论语·为政》："攻乎异端，斯害也已。"朱熹集注："异端，非圣人之道，而别为一端，如杨、墨是也。"焦循补疏："异端者，各为一端，彼此互异。"攘(rǎng)：排除。老：老子，道家的创始人，这里借指道家。

⑥ 苴(jū)：鞋底中垫的草，这里作动词用，是填补的意思。罅(xià)：裂缝。皇：大。幽：深。眇：微小。

⑦ 绪：前人留下的事业，这里指儒家的道统。韩愈《原道》认为，儒家之道从尧舜传到孔子、孟轲，以后就失传了，而他以继承这个传统自居。

⑧ 英、华：都是花的意思，这里指文章中的精华。

⑨ 姚姒(yáo sì)：指虞舜和夏禹。

少始知学，勇于敢为；长通于方，左右具宜。先生之于为人，可谓成矣。

然而公不见信于人，私不见助于友①。跋②前踬后，动辄得咎。暂为御史，遂窜南夷③。三年博士，冗不见治④。命与仇谋，取败几时⑤。冬暖而儿号寒，年丰而妻啼饥。头童齿豁，竟死何裨。不知虑此，而反教人为⑥？"

先生曰："吁，子来前⑦！夫大木为杗，细木为桷，欂栌、侏儒，椳、闑、扂、楔，各得其宜，施以成室者，匠氏之工也⑧。玉札、丹砂，赤箭、青芝，牛溲，马勃，败鼓之皮，俱收并蓄，待用无遗者，医师之良也⑨。登明选公，杂进巧拙，纡馀为妍，卓荦为杰，校短量长，惟器是适者，宰相之方也⑩。昔者孟轲好辩，孔道以明，辙环天下，卒老于行⑪。荀卿守正，大论是弘，逃谗

---

① 见信、见助：被信任、被帮助。"见"在动词前表示被动。

② 跋(bá)：踩。踬(zhì)：绊。语出《诗经·豳风·狼跋》："狼跋其胡，载疐其尾。"意思说，狼向前走就踩着颔下的悬肉(胡)，后退就绊倒在尾巴上。形容进退都有困难。辄：常常。

③ 窜：窜逐，贬谪。南夷：韩愈于贞元十九年(803)授四门博士，次年转监察御史，冬，上书论宫市之弊，触怒德宗，被贬为连州阳山令。阳山在今广东，故称南夷。

④ 三年博士：韩愈在宪宗元和元年(806)六月至四年任国子博士。一说"三年"当作"三为"。韩愈此文为第三次博士时所作(元和七年二月至八年三月)。冗(rǒng)：闲散。见：通"现"。表现，显露。

⑤ 几时：不时，不一定什么时候，也即随时。

⑥ 为：语助词，表示疑问、反诘。

⑦ 吁(xū)：叹词。

⑧ 杗(máng)：屋梁。桷(jué)：屋椽。欂栌(bó lú)：斗栱，柱顶上承托栋梁的方木。侏(zhū)儒：梁上短柱。椳(wēi)：门枢臼。闑(niè)：门中央所竖的短木，在两扇门相交处。扂(diàn)：门闩之类。楔(xiè)：门两旁长木柱。

⑨ 玉札：地榆。丹砂：朱砂。赤箭：天麻。青兰：龙兰。以上四种都是名贵药材。牛溲：牛尿，一说为车前草。马勃：马屁菌。以上两种及"败鼓之皮"都是贱价药材。

⑩ 纡(yū)馀：委婉从容的样子。妍：美。卓荦(luò)：突出，超群出众。校(jiào)：比较。

⑪ 孟轲好辩：《孟子·滕文公下》载：孟子有好辩的名声，他说：予岂好辩哉！予不得已也。"意思说：自己因为捍卫圣道，不得不展开辩论。辙(zhé)：车轮痕迹。

于楚,废死兰陵①。是二儒者,吐辞为经,举足为法,绝类离伦,优入圣域,其遇于世何如也②?今先生学虽勤而不繇其统,言虽多而不要其中,文虽奇而不济于用,行虽修而不显于众③。犹且月费俸钱,岁靡廪粟;子不知耕,妇不知织;乘马从徒,安坐而食④。踵常途之役役,窥陈编以盗窃⑤。然而圣主不加诛,宰臣不见斥,兹非其幸欤?动而得谤,名亦随之。投闲置散,乃分之宜。若夫商财贿之有亡,计班资之崇庳⑥,忘己量之所称,指前人之瑕疵⑦,是所谓诘匠氏之不以杙为楹,而訾医师以昌阳引年,欲进其豨苓也⑧。

——韩愈《进学解》

　　大抵观书先需熟读,使其言皆若出于吾之口。继以精思,使其意皆若出于吾之心,然后可以有得尔。至于文义⑨有疑,众说纷错,则亦虚心静虑,勿遽⑩取舍于其间。先使一说自为一说,而随其意之所之,以验其通塞,则其尤无义理者,

---

①　荀卿:即荀况,战国后期时儒家大师,时人尊称为卿。曾在齐国做祭酒,被人谗毁,逃到楚国。楚国春申君任他做兰陵(今临沂兰陵镇)令。春申君死后,他也被废,死在兰陵,著有《荀子》。

②　离、绝:都是超越的意思。伦、类:都是"类"的意思,指一般人。

③　繇(yáo):通"由"。

④　靡(mǐ):浪费,消耗。廪(lǐn):粮仓。

⑤　踵(zhǒng):脚后跟,这里是跟随的意思。役役:拘谨局促的样子。一说当作"役役",指劳苦。窥:从小孔、缝隙或隐僻处察看。陈编:古旧的书籍。

⑥　财贿:财物,这里指俸禄。亡:通"无"。班资:等级、资格。庳(bēi):通"卑",低。前人:指职位在自己前列的人。

⑦　瑕(xiá):玉石上的斑点。疵(cī):病。瑕疵,比喻人的缺点。如上文所说"不公"、"不明"。

⑧　杙(yì):小木桩。楹(yíng):柱子。訾(zǐ):毁谤非议。昌阳:昌蒲。药材名,相传久服可以长寿。豨(xī)苓:又名猪苓,利尿药。这句意思说:自己小材不宜大用,不应计较待遇的多少、高低,更不该埋怨主管官员的任使有什么问题。

⑨　文义:文章的义理。

⑩　遽:急忙,仓促。

不待观于他说而先自屈矣。复已众说互相诘难,而求其理之所安,以考其是非,则自是而非者,亦将夺于公论而无立矣。大率徐行却立,处静观动,如攻坚木,先其易者而后其节目;如解乱绳,有所不通则姑置而徐理之。

——朱熹《读书之要》

　　来书云:真知即所以为行,不行不足谓之知,此为学者吃紧①立教,俾②务躬行则可。若真谓行即是知,恐其专求本心,遂遗物理③,必有闇④而不达之处,抑岂圣门知行并进之成法哉? 知之真切笃实处,既是行;行之明觉精察处,即是知。知行工夫,本不可离。只为后世学者分作两截用功,先却知、行本体,故有合一并进之说,真知即所以为行,不行不足谓之知。云"知莨乃食"等说,可见前已略言之矣。此虽吃紧救弊而发,然知、行之体本来如是。非以己意抑扬其间,姑为是说,以苟⑤一时之效者也。"专求本心,遂遗物理",此盖失其本心者也:夫物理不外于吾心,外吾心而求物理,无物理矣。遗物理而求吾心,吾心又何物邪? 心之体,性也,性既理也。故有孝亲之心,即有孝之理;无孝亲之心,即无孝之理矣。有忠君之心,即有忠之理;无忠君之心,即无忠之理矣。理岂外于吾心邪? 晦庵谓人之所以为学者与理而已:心虽主乎一身,而实管乎天下之理:理虽散在万事,而实不外乎一人之心。是其一分一合之间,而未免已启学者心、理为二之弊。此后世所以有"专求本心,遂遗物理"之患,正由不知心即理耳。夫外心以求物

---

① 吃紧:仔细,认真。
② 俾:使。
③ 物理:事物的道理与规律。
④ 闇(àn):同"暗"。
⑤ 苟:姑且,暂且。

理,是以有闇①而不达之处:此告子义外之说,孟子所以谓之不知义也。心一而已,以其全体恻怛②而言,谓之仁,以其得宜而言谓之义,以其条理而言谓之理。不可外心以求仁,不可外心以求义,独可外心以求理乎? 外心以求理,此知、行之所以二也。求理于吾心,此圣门知、行合一之教,吾子又何疑乎!

——王守仁《传习录·答顾东桥书》

---

① 闇:和悦且正直的辩解。
② 恻怛:恳切的样子。